DILEMAS DA RAÇA

Empoderamento e Resistência

DILEMAS DA RAÇA

Empoderamento e Resistência

Reinaldo José de Oliveira e
Regina Marques de Souza Oliveira (orgs.)

Alameda

Grafia atualizada segundo o Acordo Ortográfico da Língua Portuguesa de 1990, que entrou em vigor no Brasil em 2009.

Edição: Haroldo Ceravolo Sereza/Joana Monteleone
Editora assistente: Cristina Terada Tamada
Assistente acadêmica: Bruna Marques
Projeto gráfico, diagramação e capa: Cristina Terada Tamada
Revisão: Rafael Acácio de Freitas
Assistente de produção: Jean Ricardo Freitas
Imagem de capa: <pixabay.com>

Este livro foi publicado com o apoio da Capes.

CIP-BRASIL. CATALOGAÇÃO NA PUBLICAÇÃO
SINDICATO NACIONAL DOS EDITORES DE LIVROS, RJ

D571

Dilemas da raça: empoderamento e resistência
Organização Reinaldo José de Oliveira, Regina Marques de Souza Oliveira. - 1. ed.
São Paulo: Alameda, 2017.

220 p.; 21 cm.

Inclui bibliografia
ISBN 978-85-7939-368-6

1. Negros - Brasil - Condições sociais. 2. Negros - Identidade racial - Brasil. 3. Movimentos sociais - Brasil. 4. Discriminação racial - Brasil. 5. Brasil - Relações raciais. I. Oliveira, Reinaldo José de. II. Oliveira, Regina Marques de Souza.

15-28816 CDD: 323.11960981
CDU: 323.13(81)

ALAMEDA CASA EDITORIAL
Rua Treze de Maio, 353 - Bela Vista
CEP 01327-000 - São Paulo - SP
Tel. (11) 3012-2403
www.alamedaeditorial.com.br

SUMÁRIO

APRESENTAÇÃO

O livro, *Dilemas da raça: empoderamento e resistência*, é compilado por pesquisadores negros - jovens e experientes. Todos pertencentes ao contexto acadêmico formal: a Universidade Pública Brasileira.

Pertencentes em seus contextos de trabalho e produção de pesquisa, ensino e extensão, eles estão ligados a cinco universidades localizadas nos estados da Bahia, Pernanbuco e Paraná.

Oito é o número dos artigos por eles formulados como um presente àqueles que se interessam pela produção de conhecimento engajado que visa a máxima tão esquecida pelas ciências que é a contribuição e transformação da realidade para a vida mais digna e humanizável para os seres viventes nessa Terra.

Oito não poderia ser neste livro o melhor número. O número 8 (oito) é, universalmente, considerado o símbolo do equilíbrio cósmico. É um número que possui um valor de mediação entre o círculo e o quadrado, entre a terra e o céu, e por isso está relacionado com o mundo intermediário, um simbolismo de equilíbrio central e com a justiça.

O número 8 deitado também simboliza o infinito, representa a inexistência de um começo ou fim, do nascimento ou da morte, e aquilo que não tem limite. O oito deitado, ou o símbolo do infinito, representa ainda a ligação entre o físico e o espiritual, o divino e o terreno.

Nesta obra, o oito se apresenta com diferentes significados, a intermediação entre céu e terra, de divino e profano, de constantes buscas em torno do "vir a ser" na abertura necessária de caminhos. Saudando os que já vieram e os que estão por vir. Na ação daqueles que no presente - os autores - dedicam suas mãos a construir melhores destinos.

Nesta edição, o escrito de Botelho e Vale Filho "Educação antirracista: uma década de legislação afirmativa" é um texto denso, forte na perspectiva que pretende, e rico no âmbito historiográfico crítico reflexivo sobre os caminhos percorridos pela população negra para conquistar patamares melhores de desenvolvimento para si e suas gerações. A partir das noções de políticas públicas e formação docente, bem como a contextualização sobre identidade na cena Brasil em sua múltipla e rica diversidade; questiona e apresenta o cenário da escola na atualidade contemporânea como palco das violências raciais, observando que as lutas por uma nova legislação na educação, incidem, na verdade, sobre toda a sociedade brasileira, indicando a necessária reestruturação da realidade em que vivemos. A mensagem do texto é um alerta no qual a epistemologia africana é um antídoto necessário para a grave retórica eurocêntrica que necessita compreender que o legado negro africano é o atestado civilizatório da humanidade de todos os seres.

Também o segundo texto "Representações de raça/etnia no discurso escrito do livro didático de língua inglesa" não deixará por menos a tarefa e abordará um tema pouco explorado no contexto da Lei 10.639. Ele analisa a representação étnico-racial no discurso escrito apresentado pelo livro didático de Língua Moderna (espanhol e inglês) para o Ensino Médio. A partir de referências clássicas dos escritos sobre relações étnico-raciais e livro didático, Aparecida de Jesus Ferreira e Farias inscrevem o debate sobre a ausência de críticas sobre o aprendizado da língua estrangeira no estado do Paraná; o qual não é distinto do contexto geral da sociedade brasileira em relação ao foco do estudo. Elas apresentam as orientações curriculares antigas e atualizadas sobre o ensino de língua estrangeira e a dinâmica do processo de constituição do sistema educacional permeado de conceitos como branquitude, no qual preserva e garante os privilégios da cultura branca e das pessoas brancas. A partir de exemplos práticos do cotidiano da sala de aula do curso de inglês no ensino médio, e com ilustrações ricas sobre a análise que protagonizam, o artigo evoca o silenciado constatado: que em pleno século 21, após 125 anos de abolição da escravatura, os materiais das escolas públicas brasileiras apresentam ideologias racistas e discriminatórias as quais se afinam com maior desigualdade social. No ensino de línguas estrangeiras, no cenário nacional, a escassez de produções acadêmicas existentes sobre o tema revelam a conivência da ciência aos privilégios da brancura, manutenção e preservação da desigualdade social.

Em "Estudos étnicos com conteúdos do legado africano: fronteiras e identidades", Marise de Santana faz um estudo sobre o termo afro-brasileiro e localiza-o a partir do contexto antropológico e as proposições ideológicas sobre o termo durante a década de trinta até a emergência da lei que obriga o ensino da historia e cultura da África e Afro-Brasileira nas escolas do País. Estes desdobramentos sobre cultura serão trazidos aliados a reflexão sobre fronteiras entre educação e identidade, ao mesmo tempo que conversa com o leitor sobre a dimensão religiosa, a mestiçagem no currículo escolar e os processos de racialização cultural presentes no espaço da sala de aula e na interioridade do professor, observando a emergência desta problemática quando se faz ausente a discussão étnica.

Já Reinaldo José de Oliveira em "O sol nasceu pra todos, a sombra apenas para os brancos: segregação urbana e racial nas cidades brasileiras" traça um percurso distinto dos demais textos. O autor apresenta a partir de densos argumentos e referências compiladas sobre a cidade e o urbano a importante reflexão sobre segregação urbana enquanto uma das faces da segregação racial. Informando, de diferentes modos, com base em dados sociológicos por ele organizados, que a segregação urbana e sócio espacial comporta a segregação racial no Brasil. Nestes desenvolvimentos específicos, como estudioso e pesquisador que é da sociologia urbana, o autor parece escapar a proposta do livro, estendendo-se sobre estas dimensões citadinas. No entanto, observaremos em dado momento, que todo o compêndio de estudos serve para referendar que cidade e cidadania são vocábulos que se interpõem. Sendo educação um enredo consistente da dimensão do acesso ao direito a cidadania. Direito à cidade, ao mercado de trabalho, à condições de vida dignas a partir do acesso à cidade e à educação. Nestas bases, da sociologia urbana, veremos destacar-se a dimensão do acesso à educação e a complexidade da questão que violenta e esquarteja os corpos - físicos (o chão da cidade) e psíquicos (os sentidos e esperanças das pessoas) - da população negra. Que por força de tantas lutas, conseguiu efetivar apenas alguns mínimos direitos.

Benedito Eugenio e Vivian Lima discutem os impactos das políticas de acesso e permanência das instituições educacionais na Bahia e as estratégias de estudantes negros para a difícil trajetória na universidade. A recente discussão sobre ações afirmativas, tendo sido o estado do Rio de Janeiro o pioneiro a implantar as cotas, demonstra no texto a viabilidade e importância delas para o contexto nacional. A partir de relatos sensíveis dos protagonistas juvenis (negros quilombolas) a pesquisa "Acesso e permanência de estudantes quilombolas no ensino superior" revela a transformação e empoderamento social local destes jovens e suas comunidades para além dos muros da Universidade. Transformações importantes no cenário nacional que valida desenvolvimentos posteriores no âmbito inter e transgeracional.

Mantendo o eixo crítico reflexivo do livro, o texto de Marques Oliveira revela o já denunciado descaso da psicologia brasileira com as questões étnico raciais ainda na atualidade. A partir de análise da psicologia social e da psicanálise a autora revela as condições de formação de jovens estudantes de psicologia. O artigo dedica-se a apresentar dados de experiências formativas em psicologia reunidas e organizadas durante três anos. Com provocações argutas, o texto produz o sentido da violência psíquica inerente a formação do psicólogo brasileiro, o qual não tem uma mínima condição objetiva de desvencilhar-se objetivamente desta circunstância. De todo modo, apesar da triste constatação, o escrito A formação do psicólogo nos contextos da diáspora africana" é um instrumento de resistência ao *status quo* de uma ciência que necessita sair da mediocridade de seus representantes formais (professores pesquisadores, agências de fomento em pesquisa, gestores de políticas formativas para a psicologia).

O penúltimo artigo "Festa baiana: religiosidade e consumo no ambiente festivo" traz com sensibilidade significados da matriz do povo negro impresso nas formas de vida e sociabilidades do passado - memória - e as reatualizações do presente. O cotidiano das festas na Bahia possuem uma imago de traduções diversas, complexas e ricas, as quais torna-se difícil para o leigo, ou aos que *"chegaram agora"* compreender a trajetória, importância e fundamentos de tais acontecimentos na vida do baiano e da cidade de São Salvador. Este mosaico de apresentação alegre e de uma iconografia maravilhosa e inapreensível em sua totalidade (dada a complexidade de sua riqueza, signo, mito e sofisticação popular - epistemológica e erudita: pura vivência e conhecimento...) revela a força de transformação da diáspora negra africana. O sentido da dimensão étnica e das relações entre o viver e o existir de fato. Além da transformação e apropriação da festa, por aqueles que a protagonizam, como formas de resistências e visibilidades de seus ritos e sentidos. Mesmo que sobrepujados por uma ordem sistêmica alheia a suas dimensões cosmológicas - religiosidade, fé, vida, existência. Este texto do Professor Edson Dias Ferreira nos ensina, do modo como poucos são capazes de ensinar, que a resistência negra persiste, *Vence e Festeja* ainda no hoje, as formas de ser e de celebrar. Um império negro real que existe. E é difícil de extinguir e decifrar.

O oitavo e último artigo se apoia em uma reflexão menos teórica e mais provocante com o sentido da liberdade e da vida. Regina Marques de Souza Oliveira e Reinaldo José de Oliveira fazem a seguinte pergunta: Que tipo de educação nós queremos para nossos filhos? É uma reflexão para todos, especialmente para os pais e docentes.

Que o leitor festeje e pense (viva!) conosco, com toda dor e alegria, o que é ser negro no Estado Brasileiro.

Inverno de 2015, *Corpus Christi (Oxóssi)*,
04 de junho no Recôncavo da Bahia.

Regina Marques de Souza Oliveira e Reinaldo José de Oliveira

EDUCAÇÃO ANTIRRACISTA: UMA DÉCADA DE LEGISLAÇÃO AFIRMATIVA

Denise Botelho[1] *e Osmar da Costa Vale Filho*[2]

Ao completarmos 125 anos, em 2013, da abolição do sistema econômico escravocrata brasileiro até a atualidade não conseguimos romper o lugar de desprestígio de mulheres, homens, jovens e, principalmente, crianças negras, os avanços alcançados no campo das relações étnico-raciais são fruto da luta dos diversos segmentos do movimento negro.

Como se sabe - ou melhor como não se permitiu saber - a população negra de nosso país sempre teve que lutar por seus direitos. Os movimentos sociais estimulam as consolidações dessas lutas. Assim, destaca-se os diversos segmentos do Movimento Negro[3] brasileiro en-

---

1 Professora Adjunta do Departamento de Educação (DED) e Coordenadora do Núcleo de Estudos Afro-Brasileiros (NEAB) da Universidade Federal Rural de Pernambuco (UFRPE) - denise@ded.ufrpe.br

2 Pedagogo da Secretaria da Criança do Distrito Federal (SECRIA) e Professor de EJA da Secretaria de Educação do Distrito Federal (SEDF) - osmardcvf@gmail.com .

3 (...) todas as entidades, de qualquer natureza, e todas as ações, de qualquer tempo [aí compreendidas mesmo aquelas que visavam à autodefesa física e cultural do negro], fundadas e promovidas por pretos e negros (...). Entidades religiosas [como terreiros de candomblé, por exemplo], assistenciais [como as confrarias coloniais], recreativas [como "clubes de negros"], artísticas [como os inúmeros grupos de dança, capoeira, teatro, poesia], culturais [como os diversos "centros de pesquisa"] e políticas [como o Movimento Negro Unificado]; e ações

gajado na defesa dos direitos dos(as) afro-brasileiros(as) constituinte de nosso país. As conquistas alcançadas pelas pessoas negras sempre vieram por meio de mobilização social e enfrentamento da realidade. E no espaço educacional a realidade não se mostrou diferente.

Para conseguir uma paridade curricular, visto que o ideário dominante possui uma visão eurocêntrica na constituição escolar ministrada em nossas escolas, depois de muitas ações do movimento negro a Lei de Diretrizes e Bases da Educação Nacional (LDB) acrescenta por meio da Lei 10.639/2003[4] os Artigos 26-A, 79-A e 79-B, que enfatizam a obrigatoriedade do ensino de História e Cultura Afro-Brasileira.

Infelizmente esforços, ainda, insuficientes para desestruturar o engendramento do racismo,[5] que induz, as pessoas a reproduzirem preconceitos, discriminações e racismo, inclusive, pessoas negras ou mestiças que lhes são inculcadas a lógica hierárquica que serviu para manter senhores e senhoras de engenho em lugar de poder, mas mesmo não havendo mais colônia, não havendo mais pelourinhos, a cultura africana e afro-brasileira, continuam na senzala do conhecimento e figuram como subculturas.

> Os aspectos étnicos [raciais], extremamente mais complexos e mais ricos do que os aspectos biológicos, influenciam várias expressões culturais e religiosas brasileiras, apesar de também servirem de referência para avaliação negativa de pessoas. Integra o processo de construção e manutenção do racismo apresentar

---

de mobilização política, de protesto antidiscriminatório, de aquilombamento, de rebeldia armada, de movimentos artísticos, literários e "folclóricos" - toda essa complexa dinâmica, ostensiva ou encoberta, extemporânea ou cotidiana, constitui movimento negro. (Joel Rufino dos Santos e Wilson do Nascimento Barbosa, 1994, p. 157).

4 Lei n° 11.645, de março de 2008. Altera a Lei nº 9.394, de 20 de dezembro de 1996, modificada pela Lei nº 10.639, de 9 de janeiro de 2003, que estabelece as diretrizes e bases da educação nacional, para incluir no currículo oficial da rede de ensino a obrigatoriedade da temática "História e Cultura Afro-Brasileira e Indígena".

5 Percebe-se que a construção do racismo vai além de uma simples visão em relação ao "diferente". Existe por trás das conjecturas um sistema de dominação e intolerância que se manifesta no convívio entre grupos raciais distintos.

> as culturas africanas como folclóricas, primitivas e inferiores, se comparadas à branco-européia. Assim, alguns de seus elementos são simplesmente omitidos nos estudos da formação do brasileiro, com exceção dos aspectos da escravidão à qual o africano foi submetido. O africano tem sido considerado até como construtor de cultura, mesmo vista como folclórica, porém dificilmente como construtor de civilização. (FERREIRA, 2000, p. 52).

O contexto brasileiro é repleto de diversidade. Complexo desde o momento de sua descoberta até os dias atuais. Um país construído por diversas culturas e etnias. Somam-se a esses itens uma construção histórica de injustiças e má distribuição de renda. Os parâmetros Curriculares Nacionais (PCN) afirmam:

> A pluralidade cultural existente no Brasil é fruto de um longo processo histórico de interação entre aspectos políticos e econômicos, no plano nacional e internacional. Esse processo apresenta-se como uma construção cultural brasileira altamente complexa, historicamente definida e redefinida continuamente em termos nacionais, apresentando características regionais e locais. Coexistem aqui culturas singulares, ligadas a identidades de origem de diferentes grupos étnicos e culturais. (PCN, 1997, p. 24).

A pluralidade deve ser respeitada. Afirma-se que o Brasil é um país composto pela diversidade, e é essa constatação que reflete o nosso caráter ímpar em relação a outros países. Ao refletir sobre a pluralidade cultural brasileira deve-se ter em mente o caráter específico a que se remete essa proposição. Buscar uma identidade nacional nessa diversidade cultural não será a saída para resolução do problema da pluralidade. Pois a pluralidade cultural brasileira é justamente a soma dessa diversidade, e revelar uma cultura como representante dessa diversidade não demonstrará a realidade. Portanto:

> Pluralidade Cultural quer dizer a afirmação da diversidade como traço fundamental na construção de uma

> identidade nacional que se põe e repõe permanentemente, e o fato de que a humanidade de todos se manifesta em formas concretas e diversas de ser humano. (PCN, 1997, p. 19).

Na verdade percebemos que a escola tem sido cenário de uma lógica racista e perversa para com crianças e jovens negros, contrariando a perspectiva de educação plural prevista na Lei de Diretrizes e Bases da Educação Nacional, como afirma Ferreira:

> Concepção de mundo e perspectivas histórico-cultural eurocêntrica, a escola passa uma visão distorcida da história como, por exemplo, encarando a escravidão como uma simples experiência civilizatória. As noções de beleza que perpassam as relações derivadas de uma estética "branca", constituindo um problema pelo fato de o afro-descendente usá-la como a "referencia correta", entendendo-a como positiva, racional e bem desenvolvida, levando, em decorrência, a uma desvalorização da estética negra, encarada como exótica, emocional e primitiva, qualidades consideradas "menores". Assim é criado um processo pedagógico tal que leva o afro-descendente a inibir sua capacidade de advogar seus interesses culturais, políticos e econômicos aos quais tem direito como cidadão. (FERREIRA, 2000, p. 72).

Estipular para a sociedade brasileira uma única identidade é algo inadmissível. Focar essa perspectiva para o contexto educacional torna o trabalho impossível de ser concretizado, pela infinidade das singularidades envolvidas neste espaço. Isso porque o Brasil é um país continental repleto de diferentes aspectos físicos, econômicos, sociais, culturais, étnicos, regionais, religiosos etc.

A identidade é algo que se constrói por meio de vivência e interações interpessoais fazendo com que as pessoas se sintam pertencentes a um grupo social, por isso, não se é capaz de afirmar qual o grupo social representa a sociedade brasileira, visto a enorme quantidade de grupos sociais existentes no Brasil, que são "frutos" das relações entre as raças constituintes da população.

> Enquanto sujeitos sociais, é no âmbito da cultura e da história que definimos as identidades sociais (todas elas, e não apenas a identidade racial, mas também identidades de gênero, sexuais, de nacionalidade, de classe etc.). Essas múltiplas e distintas identidades constituem os sujeitos, na medida em que estes são interpelados a partir de diferentes situações, instituições ou agrupamentos sociais. Reconhecer-se numa identidade supõe, portanto, responder afirmativamente a uma interpelação e estabelecer um sentido de pertencimento a um grupo de referência. (GOMES, 2005, p. 42)

Trabalhar essa gama de elementos constitutivos da sociedade brasileira requer, por parte das escolas, total engajamento com as dinâmicas que envolvem essas relações. Pois é no ambiente escolar que essas "diferenças culturais" se materializam com a presença física dos(as) alunos(as) neste contexto. Os(as) alunos(as) advindos dessas diferentes relações/espaços trazem consigo essas distinções que devem ser trabalhadas visando um respeito entre tais diferentes culturas. Sabe-se que em nossas escolas o desenvolvido muitas vezes não condiz com o estabelecido em normas legais.

Não é raro observar em escolas, involuntariamente ou não, manifestações de preconceito, de discriminação racial e racismo, principalmente em relação às e aos afro-descendentes.

Relembrando que estamos a uma década da Lei Complementar (10.639/2003) que alterou a principal legislação educacional brasileira - a Lei de Diretrizes e Bases da Educação Nacional (LDB) - para que a população escolar fosse contemplada com o conhecimento sobre a história e cultura afro-brasileira e africana, mas na prática, ainda, existe gestores(as) e educadores(s) que desconhecem a referida legislação e, consequentemente, não estão desenvolvendo ações pedagógicas afirmativas de valorização de conteúdos negros em projetos políticos pedagógicos, em seus planejamentos educacionais e tão pouco no cotidiano escolar, onde práticas racistas ocorrem afetando estudantes negros e negras, mas também, o conjunto da sociedade que segue alijada de conhecimentos presentes na sua organização mas não creditados a sua origem africana, afro-brasileira.

Aspectos da cultura afro-brasileira precisam e devem ser percebidos e explorados por todos e todas que participam do sistema educacional brasileiro, como estratégia para minimizar os preconceitos, as discriminações e o racismo que imperam na sociedade brasileira e atingem, sobretudo, estudantes negros e negras de nosso país.

No campo das políticas públicas educacionais, contamos com dois marcos legais importantes para a inclusão da população negra e, principalmente, a sua permanência no sistema educacional brasileiro: o Artigo 26 da Lei de Diretrizes Bases da Educação Nacional (LDB), que estabelece a obrigatoriedade do ensino de História e Cultura Afro-Brasileira na Educação Básica; e a Resolução CNE nº 01/2004, que instituiu as Diretrizes Curriculares Nacionais para a Educação das Relações Étnico-Raciais e para o Ensino de História e Cultura Afro-Brasileira e Africana.

A partir desses instrumentos, os(as) gestores(as), professores(as) e profissionais da educação em geral podem contribuir para que a escola transcenda a transmissão do conhecimento e seja, também, um espaço de reflexões críticas acerca dos processos de ensino/aprendizagem de inclusão. Com base em práticas de gestão democrática, podem ainda estimular que a ação dos(as) educadores(as) possibilite a reelaboração dos conteúdos curriculares, a análise reflexiva do contexto sócio-racial e a reelaboração de um saber direcionado para a cidadania (Botelho, 2000, p. 14). Mesmo porque, cidadania supõe educar na e para a diversidade,

> (...) conhecer e valorizar a pluralidade do patrimônio sociocultural brasileiro, em como aspectos socioculturais de outros povos e nações, posicionando-se contra qualquer discriminação baseada em diferenças culturais, de classe social, de crença, de sexo, de etnia ou outras características individuais e sociais (Brasil/Secretaria de Educação Fundamental, 1998, p. 7).

Com efeito, as discussões em torno da educação inclusiva têm avançado e promovido a reversão de alguns paradigmas educacionais vigentes, a exemplo das adequações dos espaços escolares para deficientes físicos, a ampliação de vagas na educação indígena, o fortalecimento da educação no campo. Entretanto, no que se refere à educação em prol da valorização da população negra brasileira, ainda se verificam inúmeras resistências.

Precisamos, pois, identificar políticas públicas que atendam às necessidades desse contingente populacional, que não se vê representado e valorizado nas experiências educacionais. No caso específico da população remanescente de quilombos, precisamos avançar muito mais, posto que, entre os afro-brasileiros, esse grupo soma os maiores índices de exclusão educacional.

Educar para a igualdade tem como pressuposto uma educação antirracista.[6] E garantir a equidade entre os diversos grupos étnico-raciais depende de inúmeras ações, entre as quais conhecer e trazer, para o cotidiano escolar, conteúdos que estimulem a participação de alunos e alunas negras como atores sociais ativos, com a intencionalidade de promover a igualdade de oportunidades e o exercício da cidadania, como prevê a legislação brasileira, que garante "igual direito às histórias e culturas que compõem a nação brasileira, além do direito de acesso às diferentes fontes da cultura nacional a todos brasileiros" (Resolução CNE nº 01/2004).

Como afirma a professora Petronilha

> (...) educação das relações étnico-raciais é fundamental para a consolidação da sociedade brasileira enquanto uma democracia da construção da sociedade brasileira, que visa garantir, a todos os grupos sociais, iguais direitos, poder e autoridade. O que se alcançará quando cada cidadã, cidadão conhecer e valorizar as histórias e culturas dos povos que originaram e têm consolidado a nação. Para tanto, é indispensável diálogo entre distintos pontos de vista, disposição, conhecimentos e serenidade para estabelecer negociação entre diferentes posições e concepções, para

6 A educação antirracista é um pressuposto para a educação das relações étnico-raciais, porque o racismo que permeia a sociedade brasileira não é explicito é é necessário que percebamos as suas nuances para poder eliminá-lo da nossa sociedade. Muitas vezes é interessante manter o processo de subalternização das pessoas negras em favor ao grupo hegemônico, esta é uma das maiores dificuldades de superação da discriminação racial, afinal, é preciso que alguns abram mão de seus privilégios em favor do coletivo.

> compor iniciativas, formular, gerenciar a execução, executar, avaliar políticas públicas que gerem impacto em condições de vida e cidadania. (SILVA, 2012, p. 4).

É importante que educadoras e educadores estimulem seus alunos e alunas a reconhecerem a legitimidade dos *diferentes saberes* presentes na sociedade e perceberem como cada grupo sócio-racial contribuiu para a formação da identidade cultural do país. Diante de uma população escolar educacional multirracial, como a brasileira, mostram-se imprescindíveis novas práticas didático-pedagógicas que ressignifiquem os conteúdos curriculares e as atividades de sala de aula, por meio de recursos diferenciados de ensino, como os presentes nas comunidades quilombolas e quase sempre não apropriados por educadores e educadoras como alternativas didático-pedagógicas.

Mesmo com avanços significativos na área educacional para as chamadas "minorias", a equidade étnico-racial em território brasileiro ainda necessita de várias ações sociopolíticas, isso para atingir o que preconiza a Resolução nº 01/2004 do Conselho Nacional de Educação, que versa sobre:

> (...) valorização e respeito às pessoas negras, à sua descendência africana, sua cultura e história. Significa buscar compreender seus valores e lutas, ser sensível ao sofrimento causado por tantas formas de desqualificação: apelidos depreciativos, brincadeiras, piadas de mau gosto sugerindo incapacidade, ridicularizando seus traços físicos, a textura de seus cabelos, fazendo pouco das religiões de raiz africana. Implica criar condições para que os estudantes negros não sejam rejeitados em virtude da cor da sua pele, menosprezados em virtude de seus antepassados terem sido explorados como escravos, não sejam desencorajados de prosseguir estudos, de estudar questões que dizem respeito à comunidade negra (CNE, 2002, p. 12).

As Diretrizes Curriculares Nacionais para a Educação das Relações Étncio-Raciais (DCNERER) são normas que têm por função orientar o planejamento dos currículos nacionais das instituições da rede nacional de educação. Criadas a partir da LDB, as diretrizes foram fixadas pelo Conselho Nacional de Educação (CNE), que "tem por missão a busca democrática de alternativas e mecanismos institucionais que possibilitem, no âmbito de sua esfera de competência, assegurar a participação da sociedade no desenvolvimento, aprimoramento e consolidação da educação nacional de qualidade" (MEC, 2016).

Assim, as DCNERER têm um importante papel no desempenho das atividades escolares definindo os elementos básicos que deverão constar nos currículos oficiais. As DCN para a Educação das Relações Étnico-Raciais surgem da necessidade de se estabelecer as normas que deverão ser seguidas na tentativa de minimizar os efeitos do preconceito/racismo e combater as desigualdades educacionais em relação à população afrodescendente.

Percebe-se pela estruturação das DCN para a Educação das Relações Étnico-Raciais uma tentativa de abarcar os elementos que compõem o universo pedagógico, parte do princípio de que todas as instituições de ensino, seja da educação básica ao de ensino superior, obrigatoriamente deverão contemplar em seus estudos a questão étnico-racial, incluindo disciplinas e projetos/cursos sobre o tema.

Assim, ao se estabelecer as DCN para Educação das Relações Étnico-Raciais, pretende-se uma sociedade mais igualitária, onde as diferenças existam e que sejam valorizadas e respeitadas, e não usadas como instrumento de preconceito, racismo e desprezando a diversidade

Permanece, então, na ordem do dia a seguinte pergunta: Como valorizar e respeitar o contingente populacional afro-brasileiro enfrentando as imagens preconceituosas acionadas a partir do fato de que a maioria dos negros e negras brasileiros teve seus ancestrais sequestrados de várias nações do Continente Africano e as suas trajetórias terem sido subjugadas e escamoteadas da história oficial do País?

Responder a essa questão não é tarefa simples, é preciso pensar o contexto sócio-histórico do Brasil. Com a extinção do regime escravocrata no Brasil, o contingente populacional negro não teve sua vida social imediatamente alterada, uma vez que foram libertos sem qualquer apoio socioeconômico, sendo ainda obrigados:

> (...) a disputar a sua sobrevivência social, cultural e

> mesmo biológica em uma sociedade secularmente racista, na qual técnicas de seleção profissional, cultural, política e étnica são feitas para que ele permaneça imobilizado nas camadas mais oprimidas, exploradas e subalternizadas (MOURA, 1994, p. 160).

Após a abolição da escravidão, uma aparente integração interétnica e interracial sustentou por muito tempo a ideia de uma democracia racial brasileira, o que dificultou a percepção das práticas racistas no cotidiano e camuflou as condições perversas de desigualdades a que os negros foram e, ainda, estão submetidos.

Recordando o professor Florestan Fernandes (1978) em seu clássico "A inserção dos negros na sociedade de classe" já apontava que os escravizados e escravizadas libertos não foram contemplados por nenhuma política de inserção na nova sociedade que configurava-se a partir das mudanças econômicas. Os ex-escravizados e escravizadas ficaram responsáveis de si mesmos e por seus e suas dependentes, embora não dispusessem de meios materiais e morais para manter-se numa economia competitiva, afinal a inserção das pessoas negras na sociedade foi preterida a favor de um contingente europeu. A ausência de políticas sociais daquele tempo refletem na contemporaneidade em forma de ausências, conhecimentos deturpados e perdas, em especial, para a população afro-brasileira, mas também para a população não-negra há sérios prejuízos, entre eles, de viverem em uma sociedade democrática falseada.

Temos consciência da importância das várias iniciativas que vêm sendo realizadas em território nacional em prol de uma sociedade étnico-racial realmente igualitária, mas esperar que atitudes isoladas, fragmentadas e de responsabilidade exclusiva dos negros possibilitem uma transformação social eficaz nos parece ingenuidade. Sem o desenvolvimento de políticas públicas que privilegiem a igualdade nas relações raciais, tais como a adoção de reserva de vagas (cotas) em instituições de ensino superior, não acreditamos que, a médio ou longo prazos, tenhamos resultados positivos no combate ao racismo no Brasil.

Por que políticas de ações afirmativas para negros e negras brasileiros? Porque, ainda, são os negros o grande contingente populacional vivendo em condições socioeconômicas precárias.

Trata-se de uma herança de um processo de "libertação" da escravidão desconexo e indiferente aos destinos dos negros e negras libertos, sem assistência e garantias que os protegessem na transição para o sistema de trabalho livre. O "liberto" ficou à mercê de sua própria sorte, tornando-se responsável por sua pessoa e por seus dependentes, diferentemente dos emigrantes, que foram convidados a trabalhar em terras brasileiras com direitos trabalhistas garantidos e direito à moradia. Apesar de todas as dificuldades, a população negra tem lutado arduamente para alcançar um *status* de igualdade, de direitos de cidadania e para que o racismo seja minimizado.

Devemos lembrar que, historicamente, o contingente populacional afrodescendente se encontra vulnerável a processos discriminatórios, mantendo-se em situação social desfavorável e de subordinação aos demais grupos sócio-raciais brasileiros (BOTELHO, 2000; SILVA, 1995; HASENBALG e SILVA, 1988; ROSEMBERG, 1987; REGO, 1976). Para o equacionamento de tais disparidades, são necessárias políticas públicas direcionadas aos afro-brasileiros em todos os segmentos sociais.

Assim, o campo educacional não está livre do preconceito, uma vez que os(as) profissionais ali atuantes trazem consigo concepções que podem ser preconceituosas. Atitudes preconceituosas não deveriam fazem parte do contexto educacional, no entanto fazem. Constatam-se as distorções preconceituosas que são encontradas nos livros didático, com ilustrações pejorativas, visões estereotipadas e supervalorização do conceito europeu de socialização.

> Pesquisas realizadas em livros didáticos chamam a atenção para a maneira preconceituosa, deturpada e estereotipada pela qual certas categorias são representadas nas ilustrações e nos textos que relatam a vida cotidiana ou a história do país. Seja através do desvirtuamento de participação dos negros nos fatos históricos, seja através da representação dos personagens através de comparação de atributos entre personagens negros e brancos ou, simplesmente, pela omissão dos negros. Em geral, imagens e/ou idéias que desqualificam e desvalorizam os negros. (SOUZA, 2001, p. 14).

Em relação aos materiais didáticos a professora Ana Célia Silva desde 1995 apontava a importância que tais materiais na (de)formação da identidade das crianças, posição reafirmada por Munanga:

> Partindo da tomada de consciência dessa realidade, sabemos que nossos instrumentos de trabalho na escola e na sala de aula, isto é, os livros e outros materiais didáticos visuais e audiovisuais, carregam os mesmos conteúdos viciados, depreciativos e preconceituosos em relação aos povos e culturas não oriundos do mundo ocidental. Os mesmos preconceitos permeiam também o cotidiano das relações sociais de alunos entre si e de alunos com professores no espaço escolar. (MUNANGA, 2005, p. 15).

A formação dos docentes é insipiente para as relações inter-raciais na escola, o material didático equivocada, então espera-se, pelo menos, que um espaço educacional concebido por uma gestão democrática deve evitar as atitudes preconceituosas que são executadas dentro das instituições. Pois o que se procura, tendo em vista concepções democráticas, é a equidade entre os elementos sociais. Como nos explicita Santos,

> Na verdade, é simplesmente uma questão de mudança teórica para se entender o verdadeiro direito à eqüidade, que se inicia num Estado liberal que desconsidera as diferenças, passa por um Estado social que inclui as diferenças socioeconômicas e, por fim, deve se assentar em um Estado democrático de direito, que deve pensar a sociedade em sua complexidade, a fim de integrar em sua noção de democracia e eqüidade as questões culturais, assumindo as diferenças existentes em suas micro-coletividades, relativas a raça, a gênero etc. (SANTOS, 2005, p. 28).

Quando o(a) estudante faz parte deste contexto, principalmente em relação ao(à) estudante negro(a), essas manifestações de preconceito, racismo entre outras se solidificam em sua construção social. Uma desmistificação dessa estrutura deve ser concretizada visando uma relação de paridade. Assim, não são concebíveis dentro do espaço educacional valores que não respeitam as múltiplas relações étnicas que existem dento do contexto da educação, mas segundo Gomes:

> Vivemos em um país com uma estrutura racista onde a cor da pele de uma pessoa infelizmente é mais importante para o seu destino social do que o seu caráter, a sua história, a sua trajetória. Além disso, porque o histórico de escravidão ainda afeta negativamente a vida, a trajetória e inserção social dos descendentes de africanos em nosso país. Some a isso o fato de que, após a abolição, a sociedade, nos seus mais diversos setores, bem como o Estado brasileiro não se posicionaram política e ideologicamente de forma enfática contra o racismo. (GOMES, 2005, p. 46).

No campo educacional, é preciso salientar que, por falta de ações pedagógicas permanentes de valorização dos negros(as), o racismo tem tornado a escola um palco de violências raciais. A legislação atual garante possibilidades de reversão do quadro. O Estatuto da Criança e do Adolescente, em seu Artigo 58, garante à criança e ao adolescente o direito de desfrutar de sua herança cultural específica. A Constituição Federal estabelece que os conteúdos do Ensino Fundamental devem assegurar o respeito aos valores culturais (Artigo 210). A LDB determina que os projetos, programas e currículos assegurem o respeito às diferenças culturais, sociais e individuais de todos aqueles que frequentam a escola, bem como estabelece a obrigatoriedade do ensino da História e Cultura Afro-Brasileira na Educação Básica.

O baixo nível de escolaridade da população negra retroalimenta sua exclusão do mercado de trabalho, agravada pelas atuais mudanças advindas do processo antidemocrático de mundialização econômica. Antigas reivindicações dos diversos segmentos e do movimento negro organizado e a sensibilidade de alguns gestores para a situação das desigualdades raciais indicam a necessidade de implementação de políticas de ações afirmativas educacionais de forma prioritária.

A legislação educacional brasileira permite que educadoras e educadores atuem para minimizar as desigualdades étnico-raciais nos espaços educacionais. Inicialmente com os Temas Transversais e um exercício de boa vontade e de consciência política, alguns educadores e educadoras abordavam as desigualdades étnico-raciais presentes na sociedade brasileira a partir dos pressupostos do tema da "Pluralidade Cultural". Desde 2003, a Lei nº 10.639/2003, que altera a Lei de Diretrizes e Bases da Educação Nacional estabelecendo a obrigatoriedade do ensino de História e Cultura Afro-Brasileira na Educação Básica, permite uma ação mais contundente para valorização da cultura negra brasileira e africana. Para subsidiar esse exercício de promoção de cidadania plena de todos e todas, é preciso compreender

> (...) a cidadania como participação social e política, assim como exercício de direitos e deveres políticos, civis e sociais, adotando, no dia-a-dia, atitudes de solidariedade, cooperação e repúdio às injustiças, respeitando o outro e exigindo para si o mesmo respeito (BRASIL, Secretaria de Educação Fundamental, 1998, p. 7).

Para tanto é importante lembrar que ações afirmativas são importantes para a garantia de uma sociedade democrática. Contudo, muitas são as resistências às políticas públicas educacionais dirigidas para a população afro-brasileira. É preciso superar o baixo preparo de gestores e gestoras no trato dos problemas sociais brasileiros e, em especial, aqueles relacionados com os chamados excluídos sociais - negros, quilombolas, mulheres, indígenas, deficientes físicos, pessoas com orientações sexuais diferenciadas e outros - para que a equidade racial e de gênero estejam de fato corporificadas na nossa sociedade.

Durante muito tempo, e ainda nos dias atuais, a sociedade brasileira viveu e vive uma falsa harmonia entre as raças.

> [...] a democracia racial que se implantara no país nos anos 1930, seja como ideal de relações não-discriminatórias e não segregacionista, seja como pacto político de participação das massas urbanas, seja como integração simbólica dos negros à nação, tal democracia pressupunha o papel subordinado de práticas religiosas de origem africana e o caráter sincrético da contribuição dos negros à cultura nacional: não havia lugar para direitos e identidade ou singularidade. (GUIMA-

RÃES, 2002, p. 159).

Esse mito diz que a sociedade brasileira é composta por uma homogeneidade em que não existem entre os grupos étnico-raciais diferenças sociais, raciais e de direitos.

> O mito da democracia racial pode ser compreendido, então, como uma corrente ideológica que pretende negar a desigualdade racial entre brancos e negros no Brasil como fruto do racismo, afirmando que existe entre estes dois grupos raciais uma situação de igualdade de oportunidade e de tratamento. Esse mito pretende, de um lado, negar a discriminação racial contra os negros no Brasil, e, de outro lado, perpetuar estereótipos, preconceito e discriminações constituídas sobre esse grupo social. (GOMES, 2005, p. 57).

Por muitos anos no Brasil prevaleceu esse ideário, apesar de sabermos que a realidade é totalmente diferente. Esse mito é reforçado por obras literárias,[7] que foram e são lidas pela sociedade brasileira e do exterior, reproduzindo essa democracia racial. A cristalização deste discurso muita vezes é reforçada, mesmo que involuntariamente, por aquelas pessoas que são prejudicadas por tais afirmações. Torna-se tão imperativo que não é difícil presenciar crianças negras reforçando tais conjecturas. Contemporaneamente somam-se ao exposto elementos como: comunicação televisiva, filmes, entre outros meios que influenciam a sociedade a pensar de maneira racista. Como nos diz Cavalleiro:

> Assim, a criança, no convívio social, pode ser levada a cristalizar sentimentos e idéias racistas. Dada a sistemática dessas relações, pode paulatinamente, mesmo sem se dar conta, incorporar um modo de pensar e

7 Ler *Casa grande e senzala*. O autor Gilberto Freyre, por meio deste livro, sistematizou e divulgou o mito da democracia racial ao afirmar que, no Brasil, as três "raças" viviam, desde a escravidão, de maneira mais amistosa, quando comparadas a outras sociedades multiculturais e/ou de colonização escravistas existentes no mundo. (GOMES, 2005, p. 58).

> agir em relação aos grupos raciais, a ponto de tomar como seus valores e crenças que lhe foram transmitidos por outro. (CAVALLEIRO, 2006, p. 84).

Talvez esses ideários sejam aceitos com facilidade pela sociedade brasileira porque não entram em conflito com as verdades estabelecidas e sabe-se que muitas dessas verdades são falsas, pois ao concordarem que existe um distanciamento entre o discurso e a realidade, colocarão em cheque toda uma estrutura de dominação.

Essa visão simplista da realidade reforça o poder de dominação por parte da elite hegemônica. É cômodo afirmar que a pessoa negra não ascende socialmente por falta de competência, pois o discurso, dito oficial, revela que todos e todas possuem condições iguais de oportunidades, quando se sabe que o distanciamento entre o proferido e o concretizado é gigantesco. Contudo, o trabalho está apenas começando. Existe uma ideologia dominante que tenta a todo custo manter o *status quo* vigente.

> Os que se identificam com a forma social atualmente existente procurarão responder às questões postas pela implantação da nova legislação educacional na direção da consolidação do *status quo*, evitando mudanças ou incorporando aquelas inovações que concorrem para esse objetivo. De outro lado, os que visam à transformação da ordem existente se empenharão no encaminhamento das questões educacionais em sintonia com as necessidades de transformação. (SAVIANI, 1997, p. 238).

No âmbito da educação, as disparidades de valoração entre negros(as) e brancos(as) é perceptível e incontestável. A educação brasileira desde os seus primórdios contempla uma formação voltada para a classe dominante. No entanto, por meio de lutas e embates legais e promulgação de algumas leis, esta aos pouco vai mudando o enredo dessa história.

Assim, novas dinâmicas devem ser abordadas no intuito de substanciar os(as) gestores(as), os(as) professores(as), os(as) alunos(as), as redes de ensino para que os conteúdos de História da África e de afrodescendentes sejam de fato estudados dentro e fora das escolas, valorizando essa construção. Espero que os(as) profissionais da educação estejam a cada dia se redescobrindo sobre a temática. Sem sombra de dúvidas o conhecimento é um meio adequado para se alcançar novos patamares educacionais. Quem sabe assim a proposta de uma educação democrática e participativa seja atingida.

> Desse modo, quanto mais participativo, solidário e democrático for o processo administrativo, maiores as possibilidades de que seja relevante para indivíduos e grupos e também maiores probabilidades para explicar e promover a qualidade de vida humana necessária. (HORA, 1994, p. 41).

A educação poderá contribuir para a transformação social, na medida em que for capaz de servir de instrumento em poder dos grupos sociais dominados em seu esforço de superação da atual sociedade de classes, no caso, do racismo é preciso superar a condição de classe, como também, o pertencimento racial deturpado pela lógica da discriminação. (PARO, 2005, p. 103).

A educação, sem sombra de dúvidas, é base para da formação e desenvolvimento do ser humano, transformar e quebrar paradigmas neste contexto é dever de todos(as). Neste espaço deve-se trabalhar para que as desigualdades não existam e que as políticas públicas que visam diminuir as diferenças sejam implantadas e fiscalizadas.

Para que negras e negros possam ser valorizados e respeitados é importante que a história e cultura afro-brasileira e africana venham se tornar realidade nos currículos escolares em todos níveis e modalidades de ensino. Que o discurso da igualdade saia do abstrato e se torne verdade nas práticas educacionais, onde as "raças" se respeitem e somem forças para a construção de uma sociedade mais justa.

Cabe, ainda, refletirmos sobre identidades afirmadas no cotidiano escolar que criam identidades negativas para os negros e negras nas escolas, não se fala em comunidade negra, em líderes negros, em personalidades negras, em pessoas negras de destaque social, mas fala-se diariamente de forma pejorativa: "buraco negro", "boi da cara preta", "saci pererê", "nuvem preta", "coisa tá preta", "negro escravo", "preto sujo" e outras. Na falta de modelos identificatórios positivos, alunos(as) negros(as) são conduzido a negar a identidade de seu povo de origem, em favor da identidade do "outro" - o branco - apresentado como superior. A maioria das situações escolares favorece uma atitude de não aceitação e de distanciamento dos valores da ancestralidade africana.

O ideal branco é reforçado pelos meios de comunicação, através da educação escolar e informal e pelas próprias famílias que, de maneira consciente ou inconsciente, de forma geral, estão tentando embranquecer. Professores e professoras incapazes de compreender a criança negra em seu contexto, enfatizam a história dos brancos e os heróis brancos, estratégias que fazem com que a criança negra se sinta desvalorizada, ambivalente, angustiada e envergonhada, com graves repercussões para seu ego (PINTO, 1992).

Constata-se a existência de um ritual pedagógico que exclui dos currículos escolares a história de luta dos(as) negros(as) na sociedade brasileira *e impõe às crianças negras um ideal de ego branco* (GONÇALVES, 1987, p. 28). O silêncio das professoras e dos professores, perante as situações de discriminação impostas os(as) estudantes negros(as) perpetua o racismo.

Como exercício para pensarmos uma prática pedagógica afirmativa, a seguir ressaltamos alguns aspectos importantes para o desenvolvimento de uma educação antirracista que poderá apoiar uma prática inclusiva para a cultura negra afro-brasileira nas escolas

As ações de uma escola democrática devem ser planejadas pelo coletivo escolar anualmente - Projeto Político Pedagógico - e, é neste momento, que deve-se introduzir estratégias e atividades para o resgate e valorização das culturas africanas, afro-brasileiras e indígenas nas escolas do país.

O(a) educador(a) ativista de uma prática afirmativa aos excluídos e excluídas, necessita de um viés político na sua ação pedagógica, como afirma Moacyr Gadotti:

> Aquele[a] que assume o papel político de trabalhar uma pedagogia que caminha lado a lado com a transformação da sociedade. Sua tarefa pedagógica não

> se limita à sala de aula, prolonga-se na organização de classe dos trabalhadores da educação, no trabalho extra-escolar. É uma presença atuante, participante, dirigente, que anima, constrói, organiza, cimenta a ideologia de classe que representa. Tem um papel crítico e revolucionário de inquietar, incomodar, perturbar (GADOTTI, 1988, p. 63-81).

É evidente que o sistema nacional de educação não oferece aos alunos e alunas negros elementos propícios a formação de uma identidade positiva, a contrário vincula, cada vez mais, estereótipos étnicos, raciais e de gênero, entre outros, através dos livros didáticos e paradidáticos e das atividades pedagógicas, Como afirma Figueira (1991) "*(...)* a escola tem um papel extremamente importante na formação [da criança,]do jovem: sendo um veículo de socialização primária, goza de função ideológica privilegiada pela sua atuação sistemática, constante e obrigatória junto ao alunado" (p. 34).

Cabe ressaltar, ainda, como que a linguagem camufla estereótipos, estigmas, preconceitos e discriminações, principalmente, quando está travestida de brincadeiras e/ou piadas, para quem as profere pode parecer engraçado, mas o dano psíquico provocado por um cotidiano de linguagem pejorativa, ainda, precisa ser mensurado para termos noção real das consequências em pessoas negras.

Sartre sinaliza o problema dos valores transmitidos pela linguagem dos(as) professores(as) em relação ao grupos raciais considerados desprestigiados, como negros e indígenas:

> (...) centenas de hábitos de linguagem que consagram a prioridade do branco sobre o preto. O preto aprenderá a dizer "branco como a neve" para significar a inocência, a, falar da negrura de um olhar de uma alma, de um crime. (SARTRE, 1965, p. 106).

As relações raciais estabelecidas no interior do espaço escolar são ignoradas, o que pode inibir a socialização e comprometer o desenvolvimento da personalidade de alunos(as) negros(as) e contribuir para a formação de um sentimento de superioridade, sem o menor fundamento, por parte dos alunos(as) brancos(as).

Sobre as crianças e jovens negras a escola é omissa quanto ao seu dever de reconhecê-las positivamente. Professores(as), na maioria das vezes, não foram habilitados(as) para lidarem com a diversidade sócio-racial dos escolares. Identificar-se como ser negro ou negra não é situação agradável, uma vez que, diariamente, nos deparamos com representações desvalorizadas, tais como negro é burro, negro fede, negro é sujo, negro tem cabelo ruim e muitos outros adjetivos pejorativos que levam o negro a negar-se.

O material didático tem melhorado a representação dos negros(as) e indígenas, observa-se que a ação do Plano Nacional do Livro Didático (PNLD), com o requisito de diversidade racial positiva negros(a) e indígenas não figuram mais como executores(as) de atividades braçais ou em condições de inferioridade social, mas a história do continente africano, ainda, aparece de forma muito reduzida nos currículos escolares. Como contraponto é possível hoje indicar um número de livros paradidáticos que desenvolvam a temática racial de forma respeitosa e inclusiva, como também, a possibilidade da construção com os próprios alunos(as) de material afirmativo para os diversos grupos culturais e raciais que compõem a escola.

A oralidade e a musicalidade estão bastante presentes nas tradições afro-indígenas-brasileiras, utilizá-las como instrumento de transmissão de conhecimentos, inclusive, para além nas séries iniciais da educação básica, onde habitualmente são utilizadas, pode alavancar e diversificar as metodologias de aprendizagem na escola.

Como a maioria de crianças e jovens gostam de sonoridade, pode-se utilizar os princípios dos antigos *griots*, das cantigas religiosas, da rima política do rap, a cadência do jongo, enfim, de acordo com a disciplina desenvolvida, oferecer seu conteúdo e ressaltar aspectos da história e da cultura africana e afro-brasileira.

Os países do continente africano, na maioria das vezes, são associados com guerras, pobrezas, doenças e misérias como desejar que os(as) nossos(as) alunos(as) se interessem por uma realidade de miserabilidade?

Precisamos mostrar aos estudantes outra realidade africana que a grande mídia não veicula e que seja capaz de desconstruir ideias preconceituosas e discriminatórias para um pensamento de valorização e reconhecimento daquele continente. A utilização de cinematrografia/videografia/fotografias, como sensibilizadores para novas ideias é um bom recurso para despertar o interesse nos(as) alunos(as), levando sempre em consideração a faixa etária e o nível escolar que estamos desenvolvendo a nossa prática pedagógica.

Outra alternativa metodológica, e quase sempre esquecida, são os museus, que a partir de seus acervos relacionados com a cultura e história africana e afro, com certeza tem um papel educativo significativo para crianças e jovens. Localize museus relacionados com a temática abordada e programe visitas monitoradas para suas turmas, enquanto, as visitas não acontecem realizem um passeio virtual ao Museu Afro-Brasil[8] como preparação do grupo.

Muitas outras possibilidades serão desenvolvidas pelo coletivo escolar, para isto é preciso que o compromisso pedagógico da inserção de uma realidade pluricultural favorável aos diversos grupos de pertencimento racial, seja contemplado desde a elaboração do Projeto Político Pedagógico afirmativo a uma ornamentação plurirracial da unidade escolar, admitimos que anos de discriminação negativa não é fácil de superar, mas com a certeza de que não é possível para aqueles(as) educadores(as) que sabem do seu papel político na construção da nova ordem social, que tem como princípio a justiça social.

Ressaltamos, ainda, que a introdução/valorização de componentes negros - históricos, filosóficos, culturais e religiosos - no sistema nacional de educação no Brasil extrapola o campo educacional, sendo na verdade um projeto de reestruturação da sociedade brasileira, afinal, é preciso saber se queremos transformar a lógica de poder hegemônico da atualidade, afirmada em princípios excludentes, individualistas e competitivos para uma sociedade alicerçada em princípios de participação, coletividade e solidariedade, um modo de ser e estar no mundo herdado de africanas, africanos, reproduzindo por muitos afro-brasileiros(as) e aliados(as) que em suas formas circulares de celebrarem, festejarem ensinam que o circulo é a representatividade das

8 http://www.museuafrobrasil.org.br/. Museu Afro Brasil - Av. Pedro Álvares Cabral, s/nº Parque Ibirapuera - Portão 10. São Paulo / SP - Brasil - CEP: 04094-050 Fone: 55 11 3320 8900.

igualdades entre as raças, os gêneros, as sexualidades, ou simplesmente, a humanidade dos seres.

Referências

BARBOSA, Wilson do Nascimento; SANTOS, Joel Rufino dos. *Atrás do muro da noite: (dinâmica das culturas afro-brasileiras)*. Brasília: Fund. Cult Palmares, 1994. 169 p.

BOTELHO, D. M. Aya nini (Coragem). *Educadores e Educadoras no enfrentamento de práticas racistas em espaços escolares.* São Paulo e Havana. Dissertação (Mestrado) - Programa de Pós-Graduação em Integração da América Latina da Universidade de São Paulo, 2000.

BRASIL Diretrizes Curriculares Nacionais para a Educação das Relações Étnico-Raciais e parao Ensino de História e Cultura Afro-Brasileira e Africana (2007). www.mec.gov.br/secad/diversidade/ci

BRASIL, *Constituição da República Federativa do Brasil*, 1988.

BRASIL, Ministério da Educação. *Parâmetros curriculares nacionais: pluralidade cultural, orientação sexual.* Secretaria de Educação Fundamental. - Brasília: MEC/SEF, 1997. 164p.

BRASIL, Ministério da Educação, Secretaria de Educação Continuada, Alfabetização e Diversidade. *Orientações e ações para a educação das Relações Étnico-Raciais.* MEC/Secad, 2006.

BRASIL. Secretaria de Educação Fundamental. *Parâmetros Curriculares Nacionais: terceiro e quarto ciclos.* Apresentação dos temas transversais/ Secretaria de Educação Fundamental. Brasília: MEC/SEF, 1998.

CASTRO, Marcelo Lúcio Ottoni de. *Educação na constituição de 1988 e a ldb- lei de diretrizes e bases da educação nacional (a)*. Brasília: A Quice 278.

CAVALLEIRO, Eliane dos Santos. Relações raciais no cotidiano escolar: implantação para subjetividade e a efetividade. In: *Caderno de textos e Fazeres Modos de ver 1*, Fundação Roberto Marinho 2006.

COLARES, Anselmo Alencar; COLARES, Maria Lília Imbiriba Sousa. *Do autoritarismo repressivo a construção da democracia participativa: historia e gestão educacional*. São Paulo: Autores Associados 2003. 148 p.

D'ADESKY, Jacques. Pluralismo étnico e multiculturalismo: Racismos e anti-racismos no brasil. Rio de janeiro: Pallas, 2001. 246 p.

DEMO, Pedro. *Nova ldb: ranços e avanços*. 3. Ed. Campinas: Papirus, 1997. 111 p.

Fernandes, Florestan. *Integração do negro na sociedade de classes*. São Paulo: Ática. 1978.

FERREIRA, Ricardo Franklin. *Afro-descendente: identidade em construção*. Rio de Janeiro: Pallas; São Paulo: EDUC, 2000. 186 p.

GOMES, Nilma Lino. *Alguns termos e conceitos presentes no debate sobre relações raciais no Brasil: uma breve discussão*. Educação Anti-Racista: Caminhos Abertos pela Lei Federal n° 10/639/03. Secretaria de Educação Continuada, Alfabetização e Diversidade. Brasília: Ministério da Educação, 2005. p. 39-62.

GUIMARÃES, Antônio Sérgio A. *Classes, raças e democracia*. São Paulo: Ed. 34, 2002. 231 p.

HASENBALG, C. A. & SILVA, N. do V. *Estrutura social, mobilidade e raça*. São Paulo: Vértice. Rio de Janeiro: IUPERJ, 1988.

HORA, Dinair Leal da. *Gestão democrática na escola: artes e ofícios da participação coletiva*. 6. ED. Campinas: Papirus, 1994. 143 p.

Instituto Brasileiro de Geografia e Estatística - IBGE. Disponível em: http://www.ibge.gov.br/home/estatistica/populacao/censo2000/universo.php?tipo=31o/tabela13_1.shtm&uf=53. Acesso em maio de 2009.

Instituto Brasileiro de Geografia e Estatística - IBGE. Disponível em: http://www.ibge.gov.br/censo/revista.shtm.

Instituto de Pesquisas Econômicas Aplicadas - IPEA. Disponível em: http://www.ipea.gov.br/sites/000/2/pdf/retrato_segundaedicao.pdf. Acesso em junho de 2009.

JACCOUD, Luciana; BEGHIN, Nathalie. *Desigualdades raciais no brasil: um balanço da intervenção governamental*. Brasília: IPEA, 2002.

Ministério da Educação - MEC. Disponível em: http://portal.mec.gov.br/index.php?option=com_content&view=article&id=12449:cne-apresentacao&catid=323:orgaos-vinculados&Itemid=753. Acesso em maio de 2009.

MOURA, Clóvis. *Dialética radical do Brasil negro*. São Paulo, Anita, 1994.

MUNANGA, Kabengele. *Superando o racismo na escola*. 2. ed. Brasília: Secr. Educ. Fundamental (Nova), 2005. 204 p.

PARO, Vitor Henrique. *Administração escolar: introdução critica*. 13. ed. São Paulo: Cortez, 2005. 175 p.

Resolução CNE nº 01/2004 (2007). www.mec.gov.br/secad/diversidade/ci. Disponível em: http://portal.mec.gov.br/cne/arquivos/pdf/rces001_07.pdf

ROSEMBERG, F. (1987). *Relações raciais e rendimento escolar*. São Paulo. Cadernos de Pesquisa da Fundação Carlos Chagas, número 63, 1987.

SANTOS, João Paulo de Faria, Ações afirmativas e igualdade racial: A contribuição do direito na construção do Brasil diverso. São Paulo. Ed. Loyola, 2005.

SAVIANI, Dermeval. *Nova lei da educação: trajetória, limites e perspectivas*. 3. ed. Campinas: Autores Associados, 1997. 242 p.

SILVA, Petronilha Beatriz Gonçalves e. *10 anos da Lei no 10.639/03 – Um olhar crítico-reflexivo*. Seminário Virtual Nacional. História e Cultura Africana e Afro-brasileira na escola. Conquistas, desafios e perspectivas: 10 anos da Lei nº 10.639/03. Disponível em http://menotti.fundaj.gov.br/moodle/course/view.php?id=3. Aceso em 07 de junho de 2013.

SILVA, Ana Célia da. *A discriminação do negro no livro didático*. Salvador: CED, 1995.

SOUZA, Irene Sales de. *Os Educadores e as Relações Interétnicas: pais e mestres*. Franca: UNESP-FHDSS, 2001.

SUL, Helena do. *Diga sim ao estudante negro/a*. Subsídio pedagógico para a formação continuada, oficinas e outros eventos educacionais referente ao Art. 26 da Lei de Diretrizes e Bases da Educação com foco na Lei n° 10.639 de janeiro de 2003. Brasília, DF: H. Sul, 2008.

REPRESENTAÇÕES DE RAÇA/ETNIA NO DISCURSO ESCRITO DO LIVRO DIDÁTICO DE LÍNGUA INGLESA

Aparecida de Jesus Ferreira[1]
Kellis Coelho Farias[2]

Introdução

O povo brasileiro é conhecido por ser hospitaleiro e cordial, sendo essa uma característica que abrange muitos aspectos, inclusive culturais. Entretanto, quando se trata de racismo e discriminação, a realidade tem mostrado que essa "cordialidade" sofre algumas interferências, capazes de manipular, ou pelo menos mascarar, fatos e acontecimentos históricos relevantes para um povo e sua conscientização.

O livro didático é um material amplamente utilizado nas escolas brasileiras, contudo é necessário que seu discurso não seja marcado pelo

---

1 Aparecida de Jesus Ferreira é Doutora pela Universidade de Londres, Inglaterra. Professora Adjunta da UEPG - Universidade Estadual de Ponta Grossa, do programa de mestrado em Linguagem, Identidade e Subjetividade e professora do Programa de Mestrado e Doutorado em Letras da Unioeste - Universidade Estadual do Oeste do Paraná.

2 Kellis Coelho Farias graduada em Letras Português/ Inglês pela Universidade Estadual de Ponta Grossa (UEPG) foi bolsista do Programa PIBIC/CNPq do projeto de pesquisa Identidades Sociais e Práticas Sociais, coordenado pela Prof.ª Dr.ª Aparecida de Jesus Ferreira.

racismo ou qualquer tipo de discriminação. Segundo Rosemberg (2003: 128) "combater o racismo não significa lutar contra indivíduos, mas se opor às práticas e ideologias pelas quais o racismo opera através das relações culturais e sociais". No ambiente escolar, esse material acaba sendo veículo de discriminação e racismo, pois a construção do sentido a partir do discurso é realizada por meio da interação leitor-autor, "ambos ideologicamente constituídos e sócio-historicamente determinados" (CONCEIÇÃO, 2005, p. 55). Sendo assim, entendemos Raça como socialmente e historicamente construída, uma "dimensão social" (Gomes, 2005, p. 45), e Etnia como características que identificam um determinado grupo em sua cultura, língua etc. Sob um olhar mais cuidadoso, o material revela nuances de discriminação ao omitir informações esclarecedoras, as quais oportunizariam ao aluno uma aprendizagem significativa da sua própria história, afinal "todo discurso está vinculado à história e ao mundo social. Dessa forma, os sujeitos estão expostos e atuam no mundo por meio do discurso e são afetados por ele" (DCEs, 2008, p. 55).

Segundo Ferreira (2006: 41) as pessoas "não nascem com conhecimento de conceitos como ensino crítico e reflexivo. Tais conceitos têm de ser ensinados, refletidos e desafiados, e as escolas e as universidades são os melhores lugares para que tal conhecimento seja discutido e disseminado". Documentos oficiais como as Diretrizes Curriculares da Educação Básica, Língua Estrangeira Moderna (DCEs-PR) e as Orientações Curriculares para o Ensino Médio (OCEM) propõem contribuições para que se concretize no ambiente escolar a formação reflexiva e crítica do aluno, com respaldo da Lei 10.639 de 9 de janeiro de 2003, a qual torna obrigatório o ensino da cultura Afro-brasileira nos estabelecimentos de Ensino Fundamental e Médio da rede pública e privada.

De acordo com Santos (2007, p. 46) é necessária uma reflexão sobre o sistema educacional e sua dinâmica, para que não ocorra a "produção e reprodução de desigualdades raciais, através dos protagonistas desse processo, a saber, professores e alunos, e dos instrumentos de ensino como o livro didático". Equívocos podem ser assimilados através do livro didático devido a sua imposição sistematizada de informações (CORACINI, 1999), pois essa reflexão pode influenciar a identidade do aluno, formada também durante o processo ensino/aprendizagem (KALVA & FERREIRA, 2010). Sobre identidade é importante entender o seu significado: como identidade social o nosso entendimento é de que sua construção ocorre na interação da sociedade a qual, seguindo um determinado discurso, nomeia homens, mulheres, pobres e ricos. As identidades raciais são igualmente construídas na sociedade, porém sob uma relação de poder de um determinado grupo ou comunidade (GOMES, 2005).

O professor tem a responsabilidade de orientar o aluno para um entendimento correto, fazendo-o compreender as diferenças culturais. Para isso, utilizando-se de atividades que promovam a reflexão, e a "relação do conteúdo didático com a realidade, na tentativa de inserção do material didático no contexto social do aluno" (TILIO, 2008, p. 130).

Este estudo pretende analisar a representação étnico-racial no discurso apresentado pelo livro didático de Língua Estrangeira Moderna (Espanhol - Inglês) para o Ensino Médio, utilizado nas escolas públicas do Paraná, e para isso apresenta, em primeiro lugar, um Histórico sobre o Livro Didático e a Lei 10.639/2003. Em segundo lugar são apresentadas as Orientações Curriculares para o Ensino Médio de Língua Estrangeira e as Diretrizes Curriculares da Educação Básica - Língua Estrangeira Moderna e em terceiro lugar, são destacadas algumas pesquisas sobre discriminação e racismo nos livros didáticos. Na sequência, apresentamos a Análise de livros didáticos de língua inglesa no portal de teses e dissertações da Capes e em quinto lugar a metodologia de pesquisa documental. Em sexto lugar propomos a análise de trechos do livro didático na perspectiva da análise crítica do discurso escrito. Para a conclusão trazemos as Considerações Finais, em que são levantadas algumas reflexões e questionamentos.

Histórico sobre o livro didático

O professor de língua inglesa pode utilizar o livro didático como uma ferramenta complementar para sua ação em sala, e não como principal instrumento de ensino. Os alunos ao receberem informações sobre uma nova cultura precisam ser conscientizados sobre a pluralidade cultural, a fim de que não desenvolvam uma visão limitada do assunto, criando a falsa impressão de superioridade de uma cultura em relação a outras culturas.

A perspectiva eurocêntrica tem sido a marca dos livros didáticos (ROSEMBERG, 2003). No caso da população negra, exemplos cristalizados vêm sendo repetidos nos livros, não oferecendo informações inovadoras, que incentivem a reflexão sobre o passado histórico de um povo, o qual muitas vezes é apresentado no livro didático como inferior, dependente e até mesmo incapaz (ROSEMBERG, 2003), desconsiderando sua história e tornando assim natural, uma situação marcada pelo preconceito, o qual entendemos ser um ato de segregação pautado em características físicas.

Estudos revelam que as diferenças étnico-raciais têm sido apresentadas de forma discriminatória pelo material didático (ROSEMBERG, 2003; NEGRÃO e PINTO, 1987; SILVA, 1995 e demais autores), tornando necessário o preparo adequado dos professores, afinal são formadores de opinião. Para Silva (1995, p. 75) "a ação do professor é imprescindível no processo de desmistificação das ideologias veiculadas através do currículo escolar e no processo de reelaboração do saber do aluno".

O livro didático recebe atenção desde 1929, quando foi criado o Instituto Nacional do Livro (INL), com o objetivo de legislar e legitimar as políticas referentes ao livro didático no Brasil. No ano de 1985, o Decreto nº 91.542 de 19/8/85 transfere essa tarefa ao Plano Nacional do Livro Didático (PNLD), o qual a partir de 1996 passou a observar nos livros didáticos alguns critérios para sua aprovação. Erros conceituais, preconceito e discriminação são alguns deles e caracterizam a exclusão do material no Guia do Livro Didático, usado pelos professores como referência para a escolha do material a ser trabalhado. No Brasil, até o ano de 2010, não era disponibilizado para a rede pública o livro de Língua Estrangeira para o Ensino Fundamental e Médio. Entretanto, no Estado do Paraná, os professores contam com esse material desde 2006.

O Guia de Livros Didáticos PNLD (2011, p. 12-13) apresenta como um de seus critérios específicos à contribuição do livro para a "formação de cidadãos críticos e reflexivos, desprovidos de preconceitos, capazes de respeitar a si mesmos e a outros, a sua própria cultura e as dos outros, partindo de experiências críticas e reflexivas com a língua estrangeira". Dessa forma a construção da cidadania é incentivada por princípios éticos, os quais devem evitar estereótipos, preconceitos sociais, étnico-raciais etc., e representar de forma adequada "a diversidade étnica da população brasileira" (PNLD, 2010, p. 15, ver também SILVA, TEIXEIRA e PACÍFICO, 2013).

Orientações Curriculares, Diretrizes Curriculares e Lei 10.639/2003

Os documentos oficiais têm procurado orientar as ações na escola para que seja apresentado ao aluno um mundo diverso culturalmente e que isso ocorra de forma reflexiva. Dentre eles os que possuem maior representatividade para esse estudo são: DCEs de LE (Diretrizes Curriculares Estaduais de Língua Estrangeira do Paraná), PCNs de LE (Parâmetros Curriculares Nacionais de Língua Estrangeira), OCEM de LE (Orientações Curriculares para o Ensino Médio de Língua Estrangeira) e Lei 10.639/2003, os quais serão discutidos a seguir.

Dessa forma, as DCEs - LE Diretrizes Curriculares da Educação Básica para o Ensino de Língua Estrangeira Moderna do Paraná (2008: 53) propõem que as aulas sejam "um espaço para que o aluno reconheça e compreenda a diversidade linguística e cultural, de modo que se envolva discursivamente e perceba possibilidades de construção de significados em relação ao mundo em que vive", com o cuidado de não apresentar uma "visão monolítica de cultura, muitas vezes de forma estereotipada" (*Ibid.*, p. 62). Um dos princípios que norteiam teórico-metodologicamente as Diretrizes é "o respeito à diversidade (cultural, identitária, linguística), pautado no ensino de línguas que não priorize a manutenção da hegemonia cultural." (*Ibid.*, p. 52).

As Orientações Curriculares para o Ensino Médio de LE - Brasil (2004: 29) defendem a "criação de condições para que os alunos construam sua autonomia nas sociedades contemporâneas - tecnologicamente complexas [...] sem que, para isto, é claro, se vejam apartados da cultura e das demandas de suas comunidades." Também ressaltam que as práticas devem promover "a formação humanista e crítica do aluno, que o estimulem à reflexão sobre o mundo, os indivíduos e suas histórias, sua singularidade e identidade" (*Ibid.*, p. 33).

Não podemos deixar de incluir a Lei 10.639/2003, que tem a finalidade de resgatar a contribuição do povo negro na história do Brasil, que determina a obrigatoriedade do ensino da História e Cultura Afro-Brasileira, sendo vista por Santos (2007: 91) como um "divisor de águas", problematizando as questões sociais para que sejam discutidas dentro das escolas. No entanto, observou-se que "os textos, por mais que tragam aspectos da cultura e da importância da África em relação à história mundial, ainda são superficiais e mais informativos do que reflexivos" (SANTOS, 2007, p. 146). Dessa forma, podemos entender como as pesquisas sobre como o livro didático (LD) trata da questão da representação do negro são importantes. E para isso, demonstramos algumas pesquisas na próxima seção.

Pesquisas sobre discriminação e racismo nos livros didáticos: um resgate histórico

Nesta seção são apresentadas algumas pesquisas que tratam da discriminação e do racismo encontrados nos livros didáticos. Cabe aqui ressaltar que entendemos como discriminação a ação dominadora e violenta que pretende a afirmação de uma raça como superior às outras (GOMES, 2005), e racismo como a utilização de conceitos e ideologias que promovem uma raça em detrimento das demais (GOMES, 2005). Salientamos que entendemos raça como socialmente, historicamente e culturalmente construída.

Negrão (1987, p. 86-87) apresenta em seu artigo "A discriminação racial em livros didáticos e infanto-junvenis", três momentos históricos de estudos realizados que denunciam preconceitos e discriminações raciais nos livros didáticos e paradidáticos infanto-juvenis. Num primeiro momento, essas discussões têm início no Brasil no ano de 1950, com Dante Moreira Leite em "Preconceito racial e patriotismo em seis livros didáticos brasileiros", no qual apresentou "indícios de tratamento discriminatório contra negros e que foram confirmados por pesquisas posteriores" (ROSEMBERG, 2003, p. 132), revelando a concepção de uma sociedade não racista que, contraditoriamente, evidencia pelos livros "que a literatura didática (e paradidática) tem sido criada visando ao aluno branco" (ROSEMBERG, 2003, p. 132). O segundo momento é apresentado com os estudos de Hollanda e Bazzanella, em 1957, numa tentativa de captar o preconceito expresso no material didático, sendo reconhecido por Bazzanella (1957) que a ocorrência de preconceito explícito aparece de maneira reduzida. No terceiro momento histórico, somadas ao trabalho de Rego (1976) e Nosella (1978) que apresentam observações sobre os temas da literatura didática, veiculando explícita ou implicitamente o preconceito, as análises dos estudos acadêmicos dos anos 70 revelaram lacunas históricas que deveriam ser recuperadas, possibilitando para a população negra a apropriação de sua história, fortalecendo sua identidade social.

Marcado por uma nova metodologia, de investigação mais geral, o terceiro grupo de estudos, também representado por Tavares (1981), Pinto (1981) e Rosemberg (1980), aborda a dualidade desigual-igual, revelando que o preconceito nas obras literárias surge ao serem produzidas por adultos brancos e visando o aluno branco (por isso igual), excluindo o aluno negro do processo comunicativo.

No aspecto desigual encontra-se a relação entre o adulto, consolidando características estéticas ao material, tornando-o mais próximo das Artes que da Pedagogia e produzido para crianças brancas. A literatura deveria possibilitar também a interlocução com a criança negra, alargando assim o público alcançado. É preciso uma nova ótica na produção desse material, possibilitando assim, mudanças e ações que efetivamente combatam o racismo.

Medidas políticas que propõem a discussão das discriminações no livro didático recebem destaque no artigo. A Fundação para o Livro Escolar (São Paulo), na gestão 83/84 implementou seminários e discussões dedicados à representação social do negro. Também foram criadas comissões pela Secretaria da Educação de São Paulo, com a finalidade de revisar os livros didáticos e produzi-los de forma a contemplar os escritores negros.

Pinto (1987: 88-92) analisou em seu artigo "A representação do negro em livros didáticos de leitura", a importância dispensada aos personagens, seja no texto ou nas ilustrações, seguindo critérios que os caracterizavam, entre outros, social e profissionalmente. Essa pesquisa contemplou 48 livros de leitura para a 4ª série do 1º grau e revelou números que confirmam a existência de tratamento desigual e discriminatório nos livros didáticos.

Nas ilustrações os personagens brancos aparecem em situação de destaque e coletividade, enquanto negros e mestiços são representados de forma estereotipada e exercendo funções mais humildes. Quanto ao texto, a omissão da informação sobre a cor, referindo-se aos personagens brancos, caracteriza normalidade e universalidade, marcando uma conotação de "representante da espécie" (Pinto, 1987: 89). Os personagens brancos possuem nome próprio, ao passo que os negros e mestiços (identificados pela sua etnia), são representados através de personagens em sua maioria negativos. Os negros representam o percentual maior de pobres e não frequentadores da escola.

O artigo serve de alerta para alunos, professores e todas as pessoas que de alguma forma estão envolvidos com a produção desse material. Enfrentar o preconceito e a discriminação exige preparo e respaldo inclusive de material de apoio não discriminatório. Apesar da intenção de uma formação democrática, existe uma divergência entre a realidade e o que é apresentado no livro didático, pois ele "reproduz e reforça as relações raciais baseadas na discriminação, apresentando como natural o tratamento desigual nessas relações" (Silva, 1995: 66). É importante um olhar reflexivo sobre a dinâmica existente dentro de uma sala de aula, buscando perceber no processo ensino-aprendizagem, o limite entre o significativo e o cômodo. Muitas ações em sala de aula têm se tornado automáticas, orientadas por livros que não oportunizam ao aluno o exercício da reflexão e cidadania.

A força do livro didático não deve restringir a criatividade do professor, nem tampouco fragilizar o processo de ensino-aprendizagem. Segundo Conceição (2005: 68), as mudanças que vêm marcando esse material, referem-se basicamente à qualidade visual, deixando "cada vez mais longe a possibilidade de se abrir espaço para a diversidade de sentidos". Nunes-Macedo (2003: 28) exemplifica o uso do livro didático como "um elemento da cadeia de interação verbal estabelecida por alunos e professora". No entanto, se o texto não oferece algo mais, acaba restringindo a percepção criativa dos alunos.

Pesquisa feita recentemente por Watthier (2008: 52) em seu artigo intitulado "A discriminação racial presente em livros didáticos e sua influência na formação da identidade dos alunos", revela que uma das dificuldades para o ensino crítico encontra-se no fato dos livros utilizados nas escolas "não fornecerem, muitas vezes, embasamentos para trabalhos e reflexões sobre o assunto em sala de aula e, também, pela falta de formação dos professores, os quais, na sua maioria, se julgam despreparados para tratar do assunto." Segundo Ferreira *et al.* (2009: 59) "A discriminação contra os negros está presente em várias situações do nosso cotidiano", e a escola participa desse processo. É importante relatar o trabalho de Pacífico (2011) que investigou acerca das "Relações raciais no livro didático público do Paraná", e nos interessa, pois a autora pesquisou sobre o livro de Língua Portuguesa e Educação Física, e a pesquisadora concluiu que "Foram analisadas formas simbólicas dos livros que naturalizam ao branco como representante da humanidade; que estigmatizam a personagens negros(as), em especial à mulher negra; que silenciam sobre a presença negra; sobre a história e cultura africana e afrobrasileira; sobre os processos de discriminação e desigualdade racial" (PACÍFICO, 2011: 12).

Acreditamos que os conteúdos apresentados nos livros didáticos devem possibilitar a todos alunos e alunas a oportunidade de interação com temas que levem à reflexão crítica e ao exercício da cidadania, o que inclui assuntos como raça, gênero e sexualidade, como sugerido nas Diretrizes Curriculares da Educação Básica de LE do Paraná, nas Orientações Curriculares para o Ensino Médio de LE, nos Parâmetros Curriculares de LE e na Lei Federal 10.639 de 2003, que torna obrigatório o ensino de História e Cultura Afro-Brasileiro em toda Educação Básica.

Análise de livros didáticos de língua inglesa no portal de teses e dissertações da Capes

Como este artigo se trata da análise do Livro Didático de Língua Estrangeira - Inglês, analisaremos algumas teses e dissertações que estão disponíveis no portal da Capes. Em uma busca direcionada por "livro didático e racismo" encontram-se 11 textos sugeridos, entre os quais "Educação e Relações Raciais: um estudo de caso" escrito por Santos (2007) é o que mais se aproxima dessa pesquisa. Já ao selecionar "livro didático em língua estrangeira", são propostos 187 textos dos quais "Livros didáticos de língua inglesa: uma análise discursiva das representações da diversidade cultural", de Rufino (2003) apresenta contribuições para o presente estudo.

Ao refinar um pouco mais a pesquisa no Portal da Capes com a busca "livro didático em língua inglesa", são relacionados 150 textos, dos quais pelo viés da diversidade cultural, acreditamos que os exemplos a seguir trazem algumas contribuições:

Tabela 1 - Pesquisas relacionadas à temática do artigo

TÍTULO - AUTOR TESE/DISSERTAÇÃO	ANO	TEMÁTICA
Livros didáticos de língua inglesa: uma análise discursiva das representações da diversidade cultural. Autora: Karin Betim Paes Leme Rufino Dissertação Mestrado	2003	Os livros didáticos de língua inglesa, muito utilizados pelos professores, aparentemente trazem um discurso neutro sobre as diferentes nacionalidades e culturas. De fato o que ocorre é a legitimação de certas culturas, em detrimento de outras.
As representações sócio-culturais e sóciolinguísticas dos personagens de duas séries didáticas de inglês. Autora: Cláudia Flores Pereira Dissertação Mestrado	2004	Evidenciar para o professor de língua estrangeira as representações de aspectos socioculturais e sociolinguísticos em livros didáticos e suas implicações na relação linguagem-cultura.
Análise de materiais didáticos em inglês como LE: ideologia e relações de hegemonia. Autora: Lissa Mara Saraiva Fontenele Dissertação Mestrado	2005	A realização de uma análise em quatro livros didáticos, sendo dois de autores brasileiros e outros dois estrangeiros, revela a existência de uma ideologia hegemônica e elitista nos conteúdos analisados. Cabe ao professor ajudar os alunos a perceberem tais aspectos, desvelando-os.

Os PNC de língua estrangeira e a formação de alunos críticos: a lacuna entre a teoria e a prática. Autora: Eliana Maria Virgili Filgueiras Leiro Dissertação Mestrado	2006	Levantamento dos pressupostos teóricos que embasam os Parâmetros Curriculares Nacionais e sua aplicação em livros didáticos de língua inglesa utilizados nas escolas públicas brasileiras, demonstrando sua inadequação.
Uma lente cultural sobre o livro didático de língua inglesa Autor: Luciano Herbert Dias Dissertação Mestrado	2006	As características culturais presentes nos livros didáticos contemplam em sua maioria, aspectos como localidades e expressões artísticas. Já as relações sociais abordadas, não mencionam as minorias étnicas, por exemplo.
O livro didático de inglês em uma abordagem sócio-discursiva: culturas, identidades e pós-Modernidade. Autor: Rogério Casanovas Tilio Tese Doutorado	2006	A análise de dez livros didáticos de língua inglesa revela a força de indução do material. Os alunos são levados a adotar identidades socialmente aceitas dentro de um padrão americanizado ou europeizado. Há um alerta sobre a conscientização de alunos e professores.
O mundo representado e a produção de identidades culturais em imagens de livros didáticos de inglês Autora: Marcia Angélica Mendes Dissertação Mestrado	2007	São analisados três livros didáticos que fazem da língua inglesa um "passaporte" para um mundo organizado e sem distinções. As diferenças entre os sujeitos são apagadas.

Motivação e representação cultural no ensino-aprendizagem de inglês como língua estrangeira. Autora: Claudia Valeria França Vidal Dissertação Mestrado	2009	A influência das representações de cultura apresentadas nos materiais didáticos no processo ensino-aprendizagem, afetando a forma de receptividade dessa nova cultura pelo aluno.

Fonte: autoria própria (adaptado do Portal da Capes)

Uma busca nesse mesmo portal, com as palavras chave "livro didático + língua inglesa + racismo", não oferece sugestões de textos. Dessa forma, as pesquisas elencadas na Tabela 1, nos mostram que há muita pesquisa sendo feita na área de LD e língua inglesa. No entanto, não encontramos pesquisas sobre LD e língua inglesa e questões relacionadas a racismo e representações do negro no livro didático. Sendo assim, consideramos essa pesquisa relevante e que pode trazer contribuições para área.

Metodologia de pesquisa documental e de conteúdo

Abordando questões sociais representadas no livro didático, para a análise dos dados nessa pesquisa, a análise documental traz contribuições importantes, ao perceber o livro didático como um documento escrito com finalidade instrucional, possibilitando assim, repetidas consultas (Lüdke & André, 1986). Sendo esse um material muito utilizado pelas escolas, possibilita a realização de "inferência sobre os valores, os sentimentos, as intenções e a ideologia das fontes ou dos autores dos documentos" (Lüdke & André, 1986: 40). Segundo Tilio (2006: 130) na sua pesquisa intitulada "O Livro Didático De Inglês Em Uma Abordagem Sócio-Discursiva: Culturas, Identidades E Pós-Modernidade", "A análise documental deve ser adotada quando a linguagem utilizada nos documentos constitui-se elemento fundamental para a investigação". Nessa perspectiva, utilizaremos também a análise de conteúdo, que funcionará como ligação entre o que já foi escrito e sua relação com o meio social, promovendo reconstruções, afinal a Análise Crítica "nos permite reconstruir indicadores e cosmovisões, valores, atitudes, opiniões, preconceitos e estereótipos e compará-los entre comunidades" (Bauer, 2002: 192).

Dada a relevância da linguagem na sociedade, a análise de discurso integra a metodologia deste trabalho, oportunizando uma mudança em nossa maneira de olhar as experiências sociais, com a atenção voltada para detalhes - perceber o que não é dito (Gill, 2002). Reconhecendo o discurso como prática social, entendemos que "as pessoas empregam o discurso para *fazer* coisas - para acusar, para pedir desculpas etc." (Gill, 2002: 248).

Nas relações sociais, as interpretações podem funcionar como construtores, e pesquisando a Análise Crítica do Discurso (ACD), Wodak (2004) afirma que "a ACD almeja investigar criticamente como a desigualdade social é expressa, sinalizada, constituída, legitimada, e assim por diante, através do uso da linguagem (ou no discurso)" (Wodak, 2004: 225, ver também, Van Dijk, 1993). Como esta análise será sobre o livro didático e seu discurso escrito sobre raça/etnia, adotaremos uma perspectiva de análise crítica do discurso fundamentada em Van Dijk (1993).

O material a ser analisado refere-se a trechos das Unidades 1 e 3 de língua inglesa do "Livro Didático Público Língua Estrangeira Moderna Espanhol - Inglês" utilizado nas escolas públicas do Paraná, é importante informar que esse livro foi escrito por professores da rede pública do Estado do Paraná e é distribuido gratuitamente para todos os alunos do Ensino Médio. Abaixo segue a figura do livro:

Figura 1: Língua Estrangeira Moderna: Espanhol e inglês/vários autores. Curitiba: SEED p Pr, 2006. (Livro didático Publico do Paraná - Este livro é publico - está autorizada asua reprodução total ou parcial).

Análise do livro didático: Uma perspectiva do discurso escrito – A questão da branquitude

Apresentamos a seguir, para uma análise mais detalhada, um trecho da Unidade 1 (Inglês) do "Livro Didático Língua Estrangeira Moderna Espanhol - Inglês", utilizado com os alunos do Ensino Médio. Na sequência, será apresentado outro exemplo, encontrado na Unidade 3 desse mesmo material.

Na Unidade 1, após breves relatos sobre a vida e obra de William Shakespeare, a Unidade propõe a comparação entre o filme "10 Things I Hate About You"[3] e a obra shakesperiana "The Taming of the Shrew".[4] Os alunos são orientados a fazer correlações observando, por exemplo, as referências que aparecem no filme e que remetam à obra de Shakespeare.

Podemos observar a proposta de levantamento de semelhanças e diferenças entre os adolescentes americanos e brasileiros, opiniões sobre o comportamento paterno no filme, aspectos referentes à escola brasileira e à americana e por fim, uma questão a respeito do preconceito sofrido pelas mulheres.

No entanto, o que nos chama a atenção, para a análise dentro dessa pesquisa, é a oportunidade não aproveitada de ampliar a discussão referente ao cartaz o qual, se mal interpretado pelo aluno, poderá gerar um entendimento equivocado sobre relações sociais e poder. Veja-se o exemplo a seguir no quadro *Reflecting About the Film and the Play:*[5]

3 10 Coisas que eu odeio em você.

4 A Megera Domada.

5 Reflexões sobre o Filme e a Peça.

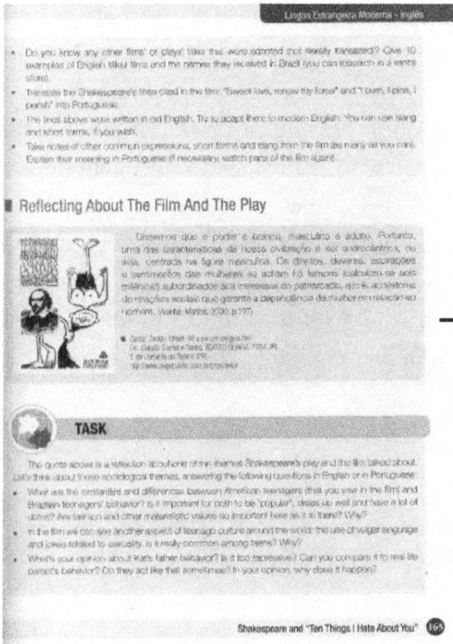

Língua Estrangeira Moderna - Inglês

Reflecting About The Film And The Play

TASK

Shakespeare and "Ten Things I Hate About You" 165

Figura 2: quadro da unidade 1, p. 165.

> Dissemos que o poder é branco, masculino e adulto. Portanto, uma das características da nossa civilização é ser androcêntrica, ou seja, centrada na figura masculina. Os direitos, deveres, aspirações e sentimentos das mulheres se acham há tempos (calculam-se seis milênios!) subordinados aos interesses do patriarcado, isto é ao sistema de relações sociais que garante a dependência da mulher em relação ao homem. (Aranha; Martins, 2000: 197)

As reflexões propostas pela atividade têm em sua maioria, características interpretativas de acordo com os próprios exercícios, não contemplando algo que também poderia ser explorado: a relação de poder ligada apenas ao homem branco. Cabe aqui trazer a reflexão proposta por Sovik (2005) em seu artigo intitulado "Por que tenho razão: branquitude, estudos culturais e a vontade de verdade acadêmica", no qual a autora levanta a necessidade de se "discutir o lugar da branquitude nas relações raciais" (Sovik, 2005: 172). Por branquitude entendemos um lugar social de privilégios, no qual o branco é tido como padrão na sociedade, podendo ser denominada branquitude crítica, quando a desaprovação ao racismo acontece de forma pública, ou branquitude acrítica quando não desaprova o racismo, sustentando a ideologia de condição superior do branco (Cardoso, 2010).

Bento (2002), em seu artigo intitulado "Branqueamento e Branquitude no Brasil", apresenta a branquitude como "[...] fiel guardiã silenciosa de privilégios" (Bento, 2002: 15). Diante dessa afirmação, podemos perceber no exemplo trazido no livro didático que não há, em nenhum momento, uma discussão ou reflexão sobre o texto colocado, sendo tratado apenas de forma acessória na Unidade. Notamos dessa forma o caráter silencioso mencionado pela autora e salientamos o risco de uma interpretação, ou assimilação, equivocada da parte de um aluno inadvertido.

Na conclusão das questões propostas para os alunos pergunta-se a respeito do preconceito contra a mulher, sendo deixado para trás, ou seja, fora de questionamento, o texto apresentado anteriormente no quadro *Reflecting About the Film and the Play*,[6] conforme o exemplo a seguir:

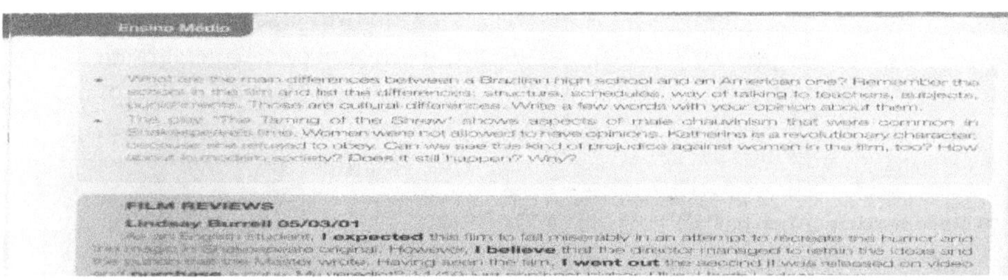
FILM REVIEWS
Lindsay Burrell 05/03/01

Figura 3: exercícios da unidade 1, p. 166.

Na Unidade 3 em que o tema abordado é música, e conforme o exemplo abaixo, acontece um relato histórico sobre a luta contra o racismo e o preconceito, tanto no Brasil quanto nos Estados Unidos. Comenta-se a luta de Martin Luther King, a liderança de Malcolm X na tentativa de reconstrução social e cultural da comunidade negra e o débito dos povos para com o povo negro, que foi escravizado.

Em seguida, os alunos são incentivados a uma discussão sobre a influência da cultura negra na cultura brasileira.

6 Reflexões sobre o Filme e a Peça.

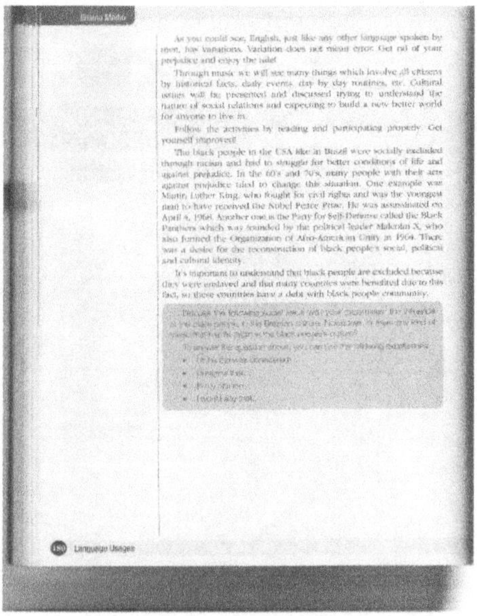

Figura 4: texto unidade 3, p. 180

The Black people in the USA like in Brazil were socially excluded through racism and had to struggle for better conditions of life and against prejudice. [...] One example was Martin Luther King, who fought for civil rights and was the youngest man to have received the Nobel Peace Prize. [...] political leader Malcolm X, who also formed the Organization of Afro-American Unity in 1964. [...]
It's important to understand that black people are excluded because they were enslaved and that many countries were benefited due to this fact, so these countries have a debt with black people community.[7]

Na página seguinte do livro didático (página 181) comenta-se a respeito da influência da música africana na América, porém na sequência, o nome que recebe destaque devido à sua performance musical é Elvis Presley: um homem branco. Por meio desse outro exemplo, acreditamos estar configurada implicitamente a branquitude no texto, reafir-

7 O povo negro nos Estados Unidos da América, assim como no Brasil, foi socialmente excluído pelo racismo e teve que lutar por melhores condições de vida e contra o preconceito [...] Um exemplo foi Martin Luther King, que lutou pelos direitos civis e foi o mais jovem homem que recebeu o Prêmio Nobel da Paz. [...] líder político Malcolm X, que também formou a Organização dos Afro-Americanos Unidos em 1964 [...] É importante entender que o povo negro foi excluído porque foi escravizado e que muitos países foram beneficiados devido a esse fato; então, esses países têm uma dívida com a comunidade negra.

mando a posição social de interesse do homem branco (Bento, 2002), conforme o exemplo a seguir:

People who came to America from Africa as slaves brought with them their musical tradition which helped to originate new styles, such as soul, jazz, gospel, country, blues etc. Rock and roll emerged from these rhythms in the United States in the decade of 1950. Elvis Presley was the most popular singer associated with this genre of music who grew up listening gospel, blues and country music. His songs were very influenced by the black and soul music and his sexy and showy way of dancing turned him big among the crowd. [...][8]

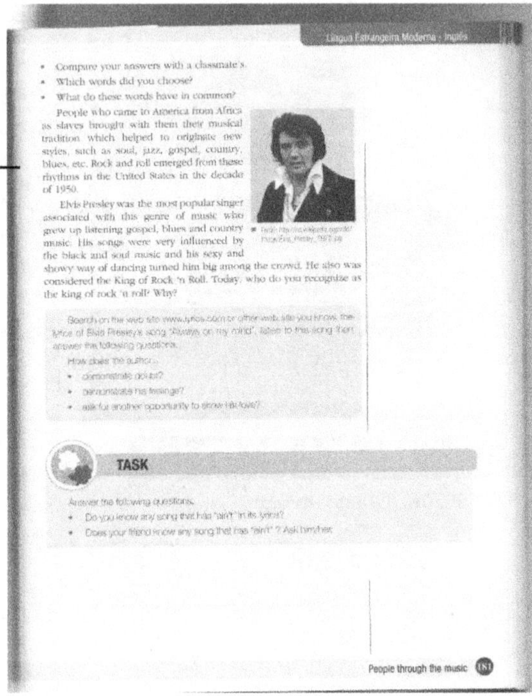
Língua Estrangeira Moderna - Inglês

- Compare your answers with a classmate's.
- Which words did you choose?
- What do these words have in common?

People who came to America from Africa as slaves brought with them their musical tradition which helped to originate new styles, such as soul, jazz, gospel, country, blues, etc. Rock and roll emerged from these rhythms in the United States in the decade of 1950.

Elvis Presley was the most popular singer associated with this genre of music who grew up listening gospel, blues and country music. His songs were very influenced by the black and soul music and his sexy and showy way of dancing turned him big among the crowd. He also was considered the King of Rock 'n Roll. Today, who do you recognize as the king of rock 'n roll? Why?

TASK

People through the music 181

Figura 5: texto unidade 3, p. 181.

Com os exemplos citados, acreditamos evidenciar o que fica subentendido nos textos apresentados: o branco como norma ou padrão, caracterizando a "branquitude". Apesar da tentativa de discussão sobre a

8 As pessoas que vieram da África para a América como escravos trouxeram consigo sua tradição musical, o que ajudou a originar novos estilos, como *soul, jazz, gospel, country, blues* etc. O rock surgiu desses ritmos nos Estados Unidos na década de 1950. Elvis Presley foi o mais popular cantor relacionado a esse gênero musical, e cresceu ouvindo música *gospel, blues* e *country*. Suas canções foram muito influenciadas pela música negra e pelo *soul*, e seu jeito sexy e ostentoso tornou-o importante entre a multidão [...]

diversidade cultural e racial, os textos são carregados de uma concepção em que a normalidade está em pertencer a um determinado grupo de domínio - branco.

Segundo Van Dijk (1993) a Análise Crítica do Discurso tem como principal objetivo a compreensão dos assuntos sociais como resultado do imbricamento de fatores como o texto e seu sentido, a sociedade, a cultura e o poder (p. 252-253). Observando os exemplos apresentados anteriormente, reconhecemos aquilo que o autor coloca como "ideologicamente sustentado ou reproduzido pela mídia ou pelos livros" (VAN DIJK, 1993, p. 255). A sociedade é afetada por textos que pretendem a manutenção de um discurso racista e elitista, para que o grupo dominante mantenha o seu poder, que de forma implícita, acaba sendo internalizado pelo aluno como algo natural e sem reflexão.

Considerações Finais

Leite (1950) apresentou questões sobre a discriminação e o preconceito encontrados nos livros didáticos os quais ainda hoje são objeto de estudo e pesquisa. Recentemente aparecendo de forma mais sutil, porém ainda presentes nesses materiais, conforme alguns pesquisadores. Acrescenta-se o fato de professores com formação deficitária nas questões sociais, demonstrarem certa insegurança para um ensino que desenvolva no aluno um cidadão crítico e reflexivo e têm sua ação limitada por materiais discriminatórios ou ainda tímidos na luta contra o racismo.

Mudanças já apontam em algumas situações em que são percebidas tentativas de combate ao preconceito e a busca pela conscientização, tanto de alunos, quanto de professores. É o que se pode perceber no texto de Santos (2007: 146) ao mencionar que os livros didáticos "em alguns momentos induzem os leitores a refletir sobre o assunto estudado".

As questões sociais precisam ser compreendidas como um veículo de conscientização não apenas dentro das escolas, mas na formação de toda uma sociedade mais crítica e unida na luta contra o racismo. Autores como Rosemberg; Bazilli e Silva (2003), Ferreira (2006, 2012a, 2012b, 2012c), Gomes (2005) e muitos outros pesquisadores têm estudado a temática do racismo e discriminação que podem ser encontrados tanto nos livros didáticos, como também na ação (ou omissão) do professor em sala de aula.

Por meio dessa pesquisa, notamos que os próprios materiais utilizados para a formação crítica dos alunos, podem reforçar ideologias e concepções discriminatórias e racistas que ocorrem na sociedade, as quais, se internalizadas, promoverão maior desigualdade social.

Referências

BAUER, M. W. Análise de conteúdo clássica: uma revisão. In: BAUER, M. W. ; GASKELL, G. (Ed.); tradução de Pedrinho A. Guareschi. *Pesquisa qualitativa com texto:* imagem e som: um manual prático. Petrópolis, RJ: Vozes, 2002. p. 189-217.

BAZZANELLA, W. Valores e estereótipos em livros de leitura. *Boletim do Centro Brasileiro de Pesquisas Educacionais.* Série Educação e Ciências Sociais. Rio de Janeiro, 2 (4), mar. 1957.

BELMIRO, C. A. A imagem e suas formas de visualidade nos livros didáticos de Português. *Revista Educação & Sociedade,* ano XXI, nº 72, Agosto/00. p. 11-31.

BENTO, M. A. S. Branqueamento E Branquitude No Brasil. In: CARONE, I. ; BENTO, M. A. S (Org.): *Psicologia social do racismo* - estudos sobre branquitude e branqueamento no Brasil. Petrópolis, RJ: Vozes, 2002.

BRASIL. *Guia Nacional do Livro Didático.* Disponível em: http://www.fnde.gov.br/index.php/pnld-guia-do-livro-didatico. Acesso em: 13 dez 2010.

______. *Orientações Curriculares para o Ensino Médio.* Brasília: MEC/SEMTEC. 2004. (vol. 1,2006). Disponível em: http://portal.mec.gov.br/seb/arquivos/pdf/book_volume_01_internet.pdf. Acesso em: 14 dez 2010.

______. Lei nº 10.639/2003. Obrigatoriedade da temática *História e Cultura Afro-Brasileira.* Disponível em: http://wwwww.planalto.gov.br/ccivil/Leis/2003/L10.639.htm. Acesso em: 19 set. 2010.

CARDOSO. L. Branquitude acrítica e crítica: A supremacia racial e o branco anti-racista. *Revista Latinoamericana de Ciências Sociales, Niñez y Juventud,* 8 (1), jan/jun, 2010, p. 607-630.

CONCEIÇÃO, R. I. S. A leitura no livro didático: uma dicotomia entre o discurso e a prática. *Linguagem & Ensino,* Pelotas, 8 (1), p. 51-72, jan/jun. 2005.

CORACINI, M. J. O processo de legitimação do livro didático na escola de ensino fundamental e médio: uma questão de ética. In: CORACINI, M. J. (org.). *Interpretação, autoria e legitimação do livro didático.* São Paulo: Pontes, 1999. p. 33-43.

DIAS, L. H. *Uma Lente Cultural Sobre O Livro Didático De Língua Inglesa.* 2006. 129 p. Dissertação Mestrado. Universidade De Brasília. 2006.

FERREIRA, A. J. *Formação de professores raça/etnia:* reflexões e sugestões de materiais de ensino. Cascavel: Coluna do Saber, 2006.

FERREIRA, A. J. *et al.* Os estereótipos do negro presentes em livros didáticos: Uma análise a partir dos parâmetros nacionais. In: FEOLA, A. (Org.) *Discutindo o ensino.* Cascavel: Ediunioeste, 2009.

FERREIRA, A. J. *Identidades Sociais de Raça no Livro Didático de Inglês Mais Vendido no Brasil.* Identidade e Subjetividade: Configurações Contemporâneas. Campinas: Mercado de Letras, 2012a, vol. 1, p. 99-116.

FERREIRA, A. J. (Org.). *Identidades Sociais de Raça, Etnia, Gênero e Sexualidade:* Práticas Pedagógicas em sala de aula de Línguas e Formação de Professores/as. Campinas: Pontes Editores, 2012b.

FERREIRA, A. J. Identidades sociais, letramento visual e letramento crítico: imagens na mídia acerca de raça/etnia. *Trabalhos em Linguística Aplicada* (UNICAMP), vol. 51, p. 193-215, 2012c.

FONTENELE, *L. M. S. Análise de materiais didáticos em inglês como LE:* ideologia e relações de hegemonia. 2005. 169 p. Dissertação Mestrado. Universidade Estadual do Ceará. 2005.

GILL, R. Análise de Discurso. In: BAUER, M. W.; GASKELL, G. (Ed.); tradução de Pedrinho A. Guareschi. *Pesquisa qualitativa com texto, imagem e som*: um manual prático. Petrópolis, RJ: Vozes, 2002, p. 244-270.

GOMES, N. L. Alguns termos e conceitos presentes no debate sobre relações raciais no Brasil: uma breve discussão. In: *Educação anti--racista*: caminhos abertos pela Lei Federal nº 10.639/03. Secretaria de Educação Continuada, Alfabetização e Diversidade. Brasília: Ministério da Educação, 2005.

HOLLANDA, G. de. A pesquisa de estereótipos e valores nos compêndios de História destinados ao curso secundário brasileiro. *Boletim do Centro Brasileiro de Pesquisas Educacionais.* Série Educação e Ciências Sociais, Rio de Janeiro, 2 (4), mar. 1957.

KALVA, J. M.; FERREIRA, A. J. F. O Livro Didático De Inglês e as Representações de Identidade Nacional: uma reflexão acerca da construção da identidade em alunos e professores de inglês. In: CÍRCULOS DE ESTUDOS LINGUÍSTICOS DO SUL, IX., 2010, Palhoça. *Anais...* Palhoça. Universidade do Sul de Santa Catarina, 2010.

LEIRO, E. M. V. F. *Os PNC de língua estrangeira e a formação de alunos críticos*: a lacuna entre a teoria e a prática. 2006. 117 p. Dissertação Mestrado. Universidade Presbiteriana Mackenzie. 2006.

LEITE, D. M. Preconceito racial e patriotismo em seis livros didáticos primários brasileiros. *Psicologia,* São Paulo, nº 3, p. 20-31, 1950.

LÜDKE, M.; ANDRÉ, M. E. D. A. *Pesquisa em Educação:* abordagens qualitativas. São Paulo: EPU, 1986.

MENDES, M. A. *O Mundo Representado E A Produção De Identidades Culturais Em Imagens De Livros Didáticos De Inglês* - Uma Análise. 2007. 122 p. Dissertação Mestrado. Universidade Luterana Do Brasil. 2007.

NEGRÃO, E. V. A discriminação racial em livros didáticos e infanto--juvenis. *Cadernos de Pesquisa,* São Paulo, 63: 86-87, nov. 1987.

NOSELLA, M. de L. C. D. *As belas mentiras;* as ideologias subjacentes aos textos didádicos de leitura das quatro primeiras séries do primeiro grau. São Paulo, 1978. [Dissertação Mestrado - PUC - SP].

NUNES-MACEDO, M. S. A; MORTIMER, E. F.; GREEN, J. A constituição das interações em sala de aula e o uso do livro didático: análise de uma prática de letramento no primeiro ciclo. *Revista Brasileira de Educação*. São Paulo, 25: 18-29, jan/abr. 2004.

PACÍFICO, T. M. *Relações raciais no livro didático público do Paraná*. Dissertação (Mestrado) - Universidade Federal do Paraná, Curitiba, 2011.

PARANÁ. *Diretrizes Curriculares da Educação Básica, Língua Estrangeira Moderna*. SEED, Curitiba, 2008. Disponível em: http://www.diaadiaeducacao.pr.gov.br/diaadia/diadia/arquivos/File/diretrizes_2009/lem.pdf. Acesso em: 14 dez 2010.

PEREIRA, C. F. *As representações sócioculturais e sóciolinguísticas dos personagens de duas séries didáticas de inglês*. 124 p. Dissertação Mestrado. Universidade Federal do Rio Grande do Sul. 2004.

PINTO, R. P. A representação do negro em livros didáticos de leitura. *Cadernos de Pesquisa*. São Paulo, 63: 88-92, nov. 1987.

______. *O livro didático e a democratização da escola*. 1981. Dissertação (Mestrado) Faculdade de Filosofia, Letras e Ciências Humanas da Universidade de São Paulo. São Paulo, 1981.

REGO, M. F. *Leituras de Comunicação e Expressão*; análise de conteúdo. Rio de Janeiro, Fundação Getúlio Vargas, 1976. [Tese Mestrado].

ROSEMBERG, F. *et al*. *Análise dos modelos culturais na literatura infanto-juvenil brasileira*. São Paulo: Fundação Carlos Chagas, 1980, nº 1-9.

ROSEMBERG, F. *et al*. Racismo em livros didáticos brasileiros e seu combate: uma revisão da leitura. *Educação e Pesquisa*, São Paulo, 29 (1), p. 125-146, jan/jun. 2003.

RUFINO, K. B. P. L. *Livros didáticos de língua inglesa*: uma análise discursiva das representações da diversidade cultural. 160 p. Dissertação Mestrado Universidade de São Paulo. 2003.

SANTOS, A. R. *Educação e Relações Raciais:* um estudo de caso. 1 vol. 207 p. Mestrado. 2007. Universidade Federal do Paraná.

SILVA, A. C. da. *A Discriminação do negro no livro didático*. Salvador: CEAO/CED. 1995.

SILVA, P. V. B.; TEIXEIRA, R.; PACIFICO, T. M. *Políticas de promoção de igualdade racial e programas de distribuição de livros didáticos*. Educ. Pesqui. [online]. 2013, vol. 39, nº 1, p. 127-143.

SOVIK, L. Por que tenho razão: branquitude, estudos culturais e a vontade de verdade acadêmica. *Contemporânea* - Revista de Comunicação e Cultura. 3 (2), p. 159-180, jul/dez 2005.

TAVARES, M. L. de S.B.P. *No reino da desigualdade*. São Paulo, 1981. [Dissertação Mestrado - Escola de Comunicação e Artes/ USP].

TILIO, R. O papel do livro didático no ensino de língua estrangeira. *Revista Eletrônica do Instituto de Humanidades*. Rio de Janeiro, VII (XXVI), p. 117-144, jul/set. 2008. Disponível em: http://publicacoes.unigranrio.edu.br/index.php/reihm/article/viewFile/33/71. Acesso em 13 dez 2010.

______. *O Livro Didático De Inglês Em Uma Abordagem Sócio-Discursiva: Culturas, Identidades E Pós-Modernidade*. 2006. 258 p. Tese Doutorado. Pontifícia Universidade Católica do Rio de Janeiro. 2006.

VAN DIJK, T. A. Principles of critical discourse analysis. *Discourse & Society*. Sage. vol. 4(2): 249-283. 1993.

VIDAL, C. V. F. *Motivação e representação cultural no ensino-aprendizagem de inglês como língua estrangeira*. 2009. 121 p. Dissertação Mestrado. Universidade Federal do Pará. 2009.

WATTHIER, L. A discriminação racial presente em livros didáticos e sua influência na formação da identidade dos alunos. *Revista Urutágua*. Maringá. 16: 47-54, ago/set/out/nov. 2008.

WODAK, R. Do Que Trata A *ACD* - Um Resumo De Sua História, Conceitos Importantes E Seus Desenvolvimentos. *Linguagem em (Dis) curso* - LemD, Tubarão, 4: 223-243. 2004.

ESTUDOS ÉTNICOS COM CONTEÚDOS DO LEGADO AFRICANO: FRONTEIRAS E IDENTIDADES

Marise de Santana[1]

As políticas de ações afirmativas, especialmente o ensino de uma educação em que culturas e sentido sejam mediados pelos símbolos do legado africano conforme prevê a Lei 10639/2003, provocou uma rediscussão sobre a situação do negro, do branco e do índio na sociedade brasileira, levando-se ao debate sobre identidades e fronteiras dos saberes e práticas que estão presentes na realidade de nossas escolas. A formação docente ainda é muito deficiente para desenvolver o trabalho com os conteúdos de legado africano, neste sentido, busco fazer uma reflexão sobre a utilização do termo "afro-brasileiro" preconizado pela Lei 10639/2003, bem como, refletir acerca do processo de racialização cultural presente na forma como esses conteúdos de estudos étnicos são trabalhados no espaço da sala de aula.

1 Professora titular do DCHL - Departamento de Ciências Humanas e Letras da Universidade Estadual do Sudoeste da Bahia. Coordenadora do curso de Antropologia com Ênfase em Culturas Afro-brasileiras do ODEERE/UESB - Órgão de Educação e Relações Étnicas. Professora permanente do programa de Pós Graduação em Desenho Cultura e Interatividade da Universidade Estadual de Feira de Santana. E-mail nabaia@ig.com.br.

Introdução

Dentro do meu universo de pesquisadora, tomo quatro momentos que foram elucidativos para entender a utilização do termo "afro-brasileiro" preconizado pela Lei 10639/2003, bem como, quais são os conteúdos de estudos étnicos que devem ser trabalhados na história e culturas africana e afro-brasileira.

O primeiro momento se deu quando fiz leitura dos Anais do I e II Congressos Afro-brasileiros que aconteceram nas cidades de, Recife em 1934 e Salvador em 1937, o termo "afro-brasileiro" aparece naquele momento para respaldar a política integracionista da década de 30, visando erradicar as identidades dos povos considerados atrasados, índios e negros, o que ressaltaria a identidade considerada superior, branca e cristã. Todavia, as produções apresentadas nestes eventos, indicam quais conteúdos estão no cotidiano, especialmente, dos descendentes de africanos.

O segundo momento foi na disciplina, "Identidade e Exclusão: O Negro da Ótica do Negro", oferecida em 2000, pela professora Dra Josildeth Gomes Consorte do departamento de Ciências Sociais da PUC/SP. As leituras recomendadas, umas para discussão em sala de aula, outras para leituras complementares, deu a dimensão das produções negras escritas pelos seguintes autores: Nina Rodrigues, Manoel Querino, Arthur Ramos, João do Rio, Lima Barreto, Eduardo Oliveira e Oliveira, Abdias do Nascimento, Edson Carneiro, Guerreiro Ramos, Cloves Moura, Renato Ortiz, Josildeth Gomes Consorte, Kabenguelê Munanga. São temas que falam do processo escravocrata e da diáspora, das resistências do povo negro, dos valores culturais civilizatórios, das denúncias de racismos, da estruturação do pensamento africano e de sua visão de mundo, sobre sincretismo, dos "impasses e armadilhas" da mestiçagem a se constituir como "obstáculo epistemológico" frente a uma sociedade que universaliza usando categorias de um determinado grupo para integrar os demais.

O terceiro momento se deu quando participei do 1ª Congresso Brasileiro de Pesquisadores Negros/as, ocorrido entre os dias 22 a 25 de Novembro de 2000, também na cidade de Recife. Lá ouvi a conferência de abertura do evento proferida pelo professor Dr. Kabenguelê Munanga do Deptº. de Antropologia da USP, cujo tema da conferência foi: "O negro e a produção do conhecimento dos 500 anos ao século XXI". O conferencista recomendava que se fizesse uma avaliação crítica e sistemática do conjunto da produção brasileira sobre a problemática do negro. Ao que entendi, sua fala referendava a preocupação de se pensar a relação do negro não apenas com a produção do conhecimento e suas culturas negadas e silenciadas nos espaços acadêmicos ao longo da história, mas do impasse da identidade mestiça que dificultava uma definição do que é ser negro no Brasil. Considerei que esta conferência elucidou questões importantes, por exemplo, o que eu viria a pensar sobre os termos, "afro-brasileiro" e "afrodescendente" e suas relações com a etnicidade.

O quarto momento se deu quando da aprovação da Lei 10639/2003, com adoção do termo "afro-brasileira" ao invés de "afrodescendente". O que se busca é, adjetivar qual a pátria do descendente de africano.

Estas aprendizagens foram importantes, pois, me facultou pensar acerca das aproximações e afastamentos nas proposições ideológicas que estão tanto na década de 30 como na Lei 10639/2003.

Na década de 30 a palavra "afro-brasileira" é tomada para agregar valores de uma ordem nacional estabelecida, por exemplo, de um tipo de mestiçagem, cujos elementos, não distinguem as diversas histórias e identidades do afro-brasileiro, especialmente aquela que conta sua história de descendente de africano.

Já na Lei 10639/2003 que preconiza o ensino de história e culturas africana e afro-brasileira, a palavra "afro-brasileira" conta histórias e enunciam rituais culturais dos africanos e de seus descendentes, os afro-brasileiros.

A educação só pode ser pensada como importante, quando contribui para tornar o educado melhor, assim, o parecer CNE/CP003/2004 sobre a Lei 10639/2003, sugere nas Diretrizes Curriculares para o Ensino de Educação das Relações Étnicas, quais conhecimentos africanos e afro-brasileiros devem ser tratados para reduzir as múltiplas facetas dos preconceitos que geraram ao longo da história discriminações com os negros no Brasil.

É certo que não estou aqui colocando, que a Lei 10639/2003 sugere abarcar apenas os temas dos negros e para os negros, mas, o que efetivamente trata é de evidenciar que existe toda uma construção que passa pelo plano do simbólico e do imaginário que vem à tona ao falarmos do pensamento africano, bem como, de suas tradições, seus saberes e fazeres, das suas produções científicas que foram excluídas dos livros didáticos ao longo destes séculos.

Movimento: dinâmica dos processos educativos

Desde a colonização portuguesa no Brasil, a educação se faz primeiro pelo paradigma[2] da evangelização, depois na década de 20 do século XX, com o paradigma "Educação é Direito de Todos", na década de 50 com a "Educação como Recurso Humano". O que se observa é uma dinâmica que busca a formulação de uma didática significativa em nosso sistema de ensino.

Na década de 80 o movimento de "Repensar a Didática", tinha como uma de suas denúncias, a falta de uma didática preocupada com conteúdos significativos, portanto, a finalidade da escola deveria ser de educar a partir do cotidiano dos alunos/as, o que diminuiria nas estatísticas, a evasão, a repetência o número de não alfabetizados pelo código letrado.

Naquele momento, para os que discutem a luz da antropologia, tornava-se evidente, que cultura e identidade deveriam indicar alguns dos muitos assuntos que situavam esta problemática, portanto, os modelos de educação vigente, deveriam trazer para a sala de aula o que está no real currículo dos alunos/as, para ser a força motora que iria atender aos propósitos de uma educação significativa.

Com a LDB - Lei de Diretrizes e bases da Educação 9394/96, são abertas novas frentes de lutas na educação brasileira. Na década de 90, os Parâmetros Curriculares Nacionais, propõe que a escola trabalhe com temas que até então estavam fora do currículo (Pluralidade Cultural, Ética, Sexualidade, Gênero e outros), em 2003 com a aprovação da Lei 10639/2003, todos estes movimentos vão fazer novas proposições, entendendo que os PCN, não explicitam como tratar os grupos silencia-

2 Classificação dos paradigmas da educação tomado em Carlos Rodrigues Brandão (1995).

dos no currículo. Estas denúncias culminam com a publicação de obras de autores que formulam teoricamente a problemática da inexistência de políticas pedagógicas que visem combater os racismos, a fim de que se busque repensar o modelo de educação brasileira.

Tais publicações denunciam a falta de políticas públicas preocupadas com o índice altíssimo de não alfabetizados pelo código letrado, de uma significativa parcela da população negra. Situa esta questão dentro do contexto escolar mostrando que o racismo que emana das condições sócio-econômicas estende para práticas pedagógicas que afetam o psicológico e cultural das crianças, adolescentes, jovens e adultos negros.

Neste sentido, podemos afirmar que o modelo didático posto até a década de 80, desenvolvia um processo educativo que reintegrava os descendentes de africanos a uma ordem de mundo sem nenhuma perspectiva, tal qual no modelo escravocrata.

É a partir destes fatos que muitos setores da sociedade buscaram de alguma forma participar propondo ações que viabilizassem a implantação da Lei 10639/2003, diante deste desafio, algumas indagações são evocadas: a) que conteúdos de História e Culturas Africanas e Afro-brasileiras, seriam significativos para a escola, com salas de aulas nas quais estão presentes, descendentes de índios, negros e brancos? b) Como seriam trabalhados os conteúdos que ao longo da história da educação brasileira entram oficialmente nos currículos apenas durante uma semana, um dia, para reafirmar as ideias dos folcloristas do século XIX e inicio do século XX, de que no Brasil o folclore[3] são "sobrevivências de povos atrasados"? c) Qual a reação de professores/as diante dos estudos afro-brasileiros que enunciam imagens e símbolos do legado africano que foram secularmente demonizados, racializados, conforme constato em estudos de mestrado e doutorado? Estas perguntas gritavam por respostas objetivas.

Na educação brasileira, o estudo afro-brasileiro passa pela discussão da identidade e alteridade, como estamos tratando da antropologia no processo educativo, logo, aparece uma categoria fundamental para tratar

---

3 Constatamos em tese de doutorado que o sentido dado ao termo folclore na escola ainda está impregnada das ideias de Silvio Romero, Arthur Ramos, e de todos que escreveram sobre as manifestações culturais dos africanos como sobrevivências de povos atrasados.

o assunto, cultura. Sodré (1988) diz que, "cultura é o modo de relacionamento humano com o seu real", portanto, as nossas indagações nos levaram a perguntar, qual é o real quando falamos de legado africano, como conhecimento afro-brasileiro e como conteúdo da cultura brasileira?

Estava evidente, que ao falar em construção do conhecimento afro-brasileiro, teríamos que nos referir a um processo didático que nas suas muitas dimensões - técnica, política e humana - viabilizasse o ensinar/aprender a partir do real significado da palavra, "afro-brasileiro". Sodré (1988, p. 37) alerta que o real "não deve ser entendido como a estrutura histórica globalmente considerada nem mesmo como um conjunto de elementos identificáveis".

Os elementos simbólicos presentes na totalidade da cultura brasileira indicam o que seja real a cada grupo étnico. Realça e identificam mitos, ritos, língua, religião, regras, isto é, apresentam o real significado e sentido de uma cultura. Segundo Sodré (1988, p. 38), "O real é, portanto, aquilo que, resistindo a toda caracterização absoluta, se apresenta como estritamente singular, como único". Assim, a construção do conhecimento afro-brasileiro no currículo escolar, deve tomar a história do próprio termo.

A história do termo "afro-brasileiro" compartilha dos saberes, do pensamento africano, estruturado pelo princípio da ancestralidade, numa dinâmica de movimento que une passado/presente. Como em todas as outras sociedades são os elementos da natureza, fogo, ar, água e terra, que orientam suas visões de mundo. Tudo que faz parte da vida e da morte, do visível e invisível, o tempo, o movimento, o amor, as guerras, a paz, são assuntos cotidianos.

Como afirma Sodré (1988), o pensamento africano está estabelecido por ordem social, reposição cultural e formas de trocas com os outros homens e com a natureza, que se diferenciam das estabelecidas no pensamento ocidental em que imperam o maniqueísmo e a dissociação entre intuição e razão.

Os saberes e práticas dos africanos constituem-se como conhecimentos necessários para tratarmos de exemplos práticos, em que o conhecimento africano se alia ao conhecimento ocidental. Morin (2006, p. 88) observa que, "É preciso substituir um pensamento que isola e separa por um pensamento que distingue e une". Portanto, é a partir do entendimento dos sete princípios de união do pensamento tomado pelo referido autor, especialmente pelo "principio da reintrodução do conhecimento em todo conhecimento" (p. 96), que faço a seguinte afirmação: são os ensinamentos africanos que vão indicar quais conteúdos poderiam, deveriam e contribuiriam para formulação de uma proposta educativa afro-brasileira.

Ao tomar, por exemplo, o assunto movimento, verifica-se que os simbolismos presentes nos mitos africanos que falam da reverência ao movimento, situam especificidades do cotidiano dos africanos trazidos escravizados para o Brasil, e do que deixaram como legado, que se une ao que a ciência ocidental considera importante para ensinar/aprender.

O movimento, assunto tratado na física ocidental através de conceitos e fórmulas, pode avançar complementando-se com as categorias do pensamento africano, em que na interligação entre movimento e comunicação aparecem as relações de contrários, tais como, bem-mal, bom-ruim, transcendente-imanente, ordem-desordem. O mesmo individuo que ri, chora. Isto porque, o movimento de ri não se superpõe ao movimento de chorar.

São relações de contrários, pois, um não elimina o outro. Os movimentos, que são feitos para comunicar o bem, não eliminam os movimentos que podem ser feitos para comunicar o mal. Não existe aí contradição, o que implica dizer, que desaparece toda e qualquer fronteira entre o ético e o não ético.

O transcendente não elimina o imanente. Vejamos por exemplo, que durante o sono, estado de transcendência, em que o homem pode ao tempo que está só, está com outros tantos seres através do sonho, e ainda, pode sonhar correndo, caindo, mas evidentemente não sai do lugar, o corpo físico está sob um estado que a física ocidental chama de repouso. Todavia, ao acordar, pode está muito cansado, suando, o que significa que esteve em estado de transcendência.

A transcendência e a imanência são possibilitadas pela força com as quais, o movimento, em sua dinâmica de essência viabiliza a existência. A primeira traz em si as categorias do sensível, a segunda as categorias do físico, este encontro entre sensível e físico que não está resolvido na racionalidade científica do ocidente.

Outras relações como a de ordem/desordem, estão na dialética com as quais os movimentos no universo se apresentam. Morin (1979,

p. 116), afirma que ao contrário do que se pensa, é muito maior a desordem na humanidade que na natureza, "a ordem natural é dominada muito fortemente pela homeostasia, regulação, a programação. É a ordem humana que se desenvolve sob o signo da desordem".

Esta afirmação de Morin pode ser observada nos mitos afro-brasileiros, especialmente, aqueles que falam dos movimentos da natureza e como as forças naturais impediram catástrofes que poderiam causar desordens para os humanos.

A comunicação efetuada pelo movimento, não se dá necessariamente pela fala, pode acontecer pelo representar. Representar uma cruz pode enunciar a imagem de uma encruzilhada, ou representar uma encruzilhada a imagem de um tridente ou mesmo da cruz, todavia, encruzilhada, cruz e tridente, trazem consigo os limites, que podem comunicar uma diversidade de caminhos a partir de um referencial que nunca está pautado na ideia de repouso do movimento.

O movimento é o elemento dinâmico, princípio complexo, que participa de tudo que existe. É através do movimento, que vai acontecer á comunicação entre mulheres e homens, homem e a natureza, natureza e o homem, do homem com seus antepassados, além de possibilitar o fenômeno de nascer, crescer e morrer, e outros tantos fenômenos naturais e culturais.

Na sua sapiência os africanos buscaram sempre reverenciar o movimento para continuar falando, ouvindo, cheirando, degustando, olhando, intuindo, comunicando. É ele, o movimento, que produz o ciclo do tempo, das marés, das estações, do plantio, assim como, o ar que circula para produzir o fogo, a água que se desloca para formar as nuvens e as chuvas, portanto, todos os processos da vida, inclusive os educativos dentro das escolas, só podem acontecer na dinâmica realizada pelos movimentos.

Educação: suas fronteiras e identidades

As identidades são marcadas por negações ou afirmações, fruto de ensinamentos, por exemplo, se falarmos que Exu está para muitas culturas africanas, ligado ao movimento, todavia, em função dos ensinamentos que estão no projeto expansionista de cristianização, este mito africano será rejeitado. Vale aqui dizer que, na afirmação ou negação do mito de Exu estão colocadas ideias de valor e diferenciação, o que corresponde respectivamente à identidade e não identidade. Sodré afirma que "o pensamento percebe como identidade o que os sentidos apreendem como diferença..." (Sodré, 1998). O valor não é neutro está referenciado em convicções e crenças particulares, pois "A percepção da diversidade vai além do mero registro da variedade das aparências, pois o olhar, ao mesmo tempo em que percebe, atribui um valor e, claro, determinada orientação da conduta" (p. 15).

Os dados de pesquisa apontam inclusões e exclusões com os conteúdos afro-brasileiros. Entender que a boca só come por conta do movimento, que o nascer, viver e morrer são fenômenos que acontecem por conta do movimento, é excluído porque foi justamente o terreiro que resguardou este saber do pensamento africano.

Portanto, a aversão à lei por parte de muitos setores da sociedade brasileira, se dá porque sua proposta se concentra numa demanda do currículo escolar em que a ciência se encontra inevitavelmente com a religião. No projeto político pedagógico das instituições de ensino, a educação das relações étnicas com ênfase em legado africano, toma categorias que estão na estruturação da religião de matriz afro-brasileira.

Os terreiros, barracões servem de espaço para as pesquisas de antropologia das culturas afro-brasileiras, se municiando de categorias que estão no seio dos cultos religiosos de matriz africana, todavia, são estas as categorias que subsidia os espaços acadêmicos preocupados com uma didática voltada para os estudos de história e culturas africanas e afro-brasileiras.

Ao tomar a bibliográfica que fala da presença africana no Brasil, entre outras, Rodrigues (1935), Querino (1955; 1988), Ramos (1949); Verger (1999), Bastide (2001), todas elas objetivam a racionalidade científica via olhar, a partir dos que estes autores chamam de "cultos afro-brasileiros". Existe aí uma compreensão que parte do pensamento de Dukheim (1996), no qual, ele afirma que as categorias da religião determinaram todas as categorias da ciência. Revisitar este trabalho quando queremos construir conhecimentos afro-brasileiros, significa constatar o quanto o estudo feito pelo clássico da sociologia é atual.

Vale aqui dizer, que seria redundante reafirmar os vários caminhos que uma encruzilhada aponta, todavia, um dos caminhos a trilhar é justamente aquele, em que não podemos desprezar que os estudos de Durkheim (1996) sobre "As formas Elementares de Vida Religiosa: O Sistema Totêmico na Austrália" contribui para enunciar um encontro de conciliação entre ciência e religião, constituindo-se como avanço no pensamento científico deste clássico da sociologia, todavia, é esta mesma teoria que enquadra as práticas sagradas dos povos primeiros, tais como os africanos, no universo da categoria religião.

As palavras, "Animismo", "Feitichismo" e "Totemismo", serviram para justificar um discurso científico, o qual precisava nomear as coisas, os fatos. Então, estes nomes serviram, para estruturar uma análise da visão de mundo dos africanos, a luz de conceitos e categorias que partem da religião ocidental maniqueísta.

Para os descendentes de africanos, os afro-brasileiros, que guardaram as práticas cotidianas de seus antepassados dentro de suas "roças", "terreiros", pouco importava se estas práticas foram enquadradas com o nome religião. O que de fato preocupava é encontrar formas de reafirmar suas políticas de resistência para salvaguardar suas identidades.

Conclusão: religião e mestiçagem no currículo escolar

A religião é uma dimensão da cultura, portanto, a religião faz parte da vida humana, naturalmente dos currículos. Vale aqui salientar que o mito-cristão, esteve sempre na sociedade ocidental, enunciando rituais didáticos nas escolas e na formação de professores/as.

Lembro-me de uma experiência didática, em uma disciplina que ministrei para um determinado grupo de professores/as. Eles/elas deveriam trabalhar com conteúdos que falassem dos mitos africanos e afro-brasileiros. Para não ter que pronunciar nomes de orixás, inquices e voduns, a palavra "Oxum" foi substituída pela palavra "Omim" encontrada no dicionário de palavras africanas faladas no Brasil. Segundo alguns do grupo, a utilização da palavra "Omim" ao invés de "Oxum", não alterava o conteúdo que fora explicado no mito. É importante ressaltar que, "Omim" é água, mas não é pronunciada com a força de ser modelo exemplar, tal como Oxum.

Não estamos aqui avaliando a explicação como correta ou incorreta, todavia, o mito africano é considerado expressão do religioso. Neste sentido, em suas aulas, eles/elas buscam separar religião de ciência.

Nesta separação, o entendimento não passa apenas pelo equivoco da ciência ocidental que aponta a religião com categorias sensível e a ciência com categorias da razão. O que está na base desta separação, são racializações informando que os africanos seguem religiões atrasadas e falam sobre coisas demoníacas.

Estas racializações não passam apenas pela relação entre religião e ciência, mas também, estão nas explicações sobre as manifestações culturais oriundas das culturas negras. Encontramos em nossas pesquisas, pessoas que praticam maculelê negando nesta brincadeira/dança/luta a identidade negra. Em minhas pesquisas analisei falas de entrevistados que afirmavam "o maculelê não é afro-brasileiro", na verdade, diz o entrevistado, "o maculelê é brasileiro".

Esta é uma forma de afirmar o mesmo que alguns discursos de mestiçagem, desarticulados das pertenças daqueles que são os mestiços afirmam. A mestiçagem está no seio de uma sociedade com narrativas de expropriação da identidade considerada inferior, narrativas que reforçam a ideologia de que existe uma identidade brasileira mestiça. Para alguns, mestiço é aquele que não é negro, não é branco, não é índio, é apenas mestiço. Discutir o mestiço nestes termos é entendê-lo como Ser desprovido de sua genealogia, de sua cultura.

A mestiçagem é um "obstáculo epistemológico" quando a discussão étnica se faz ausente, quando se toma este tema para racializar elementos de mediações simbólicas de um grupo (língua, arte, mitos, ritos, etc) que constituem as diferentes identidades de grupos étnicos que convivem em solo brasileiro.

As políticas de ações afirmativas, especialmente o ensino de uma educação em que culturas e sentido sejam mediados pelos símbolos do legado africano conforme prevê a Lei 10639/2003, provocou uma rediscussão sobre a situação do negro, do branco e do índio na sociedade brasileira, levando-se ao debate sobre identidades e fronteiras dos saberes e práticas que estão presentes na realidade de nossas escolas.

Referências

BASTIDE, Roger. *O Candomblé da Bahia rito nagô*. Tradução Maria Isaura Pereira Queiroz. São Paulo: Campanhia das Letras, 2001.

CONSORTE, Josildeth Gomes. *A mestiçagem no Brasil: Armadilhas e Impasses* IN: Margem /Faculdade de Ciências Sociais - PUC/SP, São Paulo: EDUC, 1999.

DURKHEIM, Émile. *As Formas de Elementares da Vida Religiosa: O Sistema Totêmico na Austrália*; tradução Paulo Neves - São Paulo: Martins Fontes, 1996. 9coleção Tópicos)

GUSMÃO, Neusa Maria Mendes de. *Os Filhos da África em Portugal*. Antropologia, multiculturalidade e educação. Belo horizonte: Autêntica, 2005

MORIN, Edgar. *O Enigma do Homem: Para Uma Nova Antropologia*. Tradução de Fernando de Castro Ferro. 2° edição. Rio de Janeiro: ZAHAR Editores.

MORIN, Edgar. A Cabeça bem Feita: *repensar a reforma, reformar o pensamento*. Tradução Eloá Jacobina. - 12° edição. Rio de Janeiro: Bertrand Brasil, 2006.

RAMOS, Arthur. *As Culturas Negras: Introdução à Antropologia Brasileira* Vol.III. Rio de Janeiro - Guanabara: Livraria-Editora da Casa do Estudante do Brasil, 1949.

RODRIGUES, Nina. *O Animista Feitichista dos Negros Bahianos*. Rio de Janeiro: Civilização Brasileira S.A, 1935.

SANTANA, Marise de. *Educação Multicultural: limites e possibilidades de atuação com os PCN*, In: ANAIS do IV Encontro de Estágio Supervisionado da UNEB. Entre o Pessoal e o Profissional: o estágio e o processo de formação. Valença/Bahia, 2001.

SANTANA, Marise de. *O Legado Africano e o Trabalho Docente: Desafricanizando para Cristianizar*. Tese de Doutorado defendida na Pontifícia Universidade Católica de São Paulo. 2004.

SODRE, Muniz. *A verdade seduzida: por um conceito de cultura no Brasil.* 2ªed. Rio de Janeiro, RJ: Francisco alves, 1988.

THOMPSON, John B. *Ideologia e Cultura Moderna. Teoria social crítica na era dos meios de comunicação de massa.* Petrópolis, Rio de Janeiro,Ed Vozes, 1995.

VERGER, Pierre. *Notas sobre o Culto aos Orixás e Voduns na Bahia de Todos os Santos, no Brasil, e na Antiga Costa dos Escravos, na África.* Tradução de Carlos Eugênio Marcondes de Moura. São Paulo: Editora da Universidade de São Paulo, 1999.

O SOL NASCEU PRA TODOS, A SOMBRA APENAS PARA OS BRANCOS: SEGREGAÇÃO URBANA E RACIAL NAS CIDADES BRASILEIRAS

Reinaldo José de Oliveira[1]

Introdução

Na história do século XX e em nossa contemporaneidade, a questão da cidade e do urbano são centrais na sociedade brasileira, as questões referentes a habitação e o seu entorno, espaços de cultura e lazer, educação, mercado de trabalho e renda, são aspectos socioeconômicos amplamente diferentes, antagônicos e contraditórios. Geralmente, a literatura acadêmica observa a cidade e o urbano focalizando apenas a questão socioeconômica.

As desigualdades urbanas vinculadas às desigualdades raciais não são observadas pela literatura nacional quando relacionadas com a produção do espaço urbano e o mesmo acontece com a literatura de relações raciais. Espaço urbano e raça, no decorrer do século passado e atualmente, foram e permanecem minimamente investigados (VARGAS, 2005).

---

1 Doutor em Ciências Sociais pela PUC SP. Pesquisador Pós-Doc do Programa Nacional de Pós-Doutorado - PNPD CAPES (2008-2013). É professor do Departamento de Filosofia e Ciências Humanas da Universidade Estadual de Feira de Santana - UEFS.

É fundamental que as cidades brasileiras e o urbano sejam analisados, além do quadro socioeconômico, a leitura da distribuição, produção e ocupação do espaço urbano pela população negra.

Neste trabalho, analiso a segregação socioeconômica e racial, sobretudo a racial; negros e pobres ocupam as periferias, morros, favelas e subúrbios das capitais do Rio de Janeiro, Salvador e São Paulo. Em geral, a segregação da população negra reserva habitações em áreas pobres, escolaridade de má qualidade e os chefes de famílias recebem os mais baixos salários. Além do quadro urbano, analiso a segregação escolar, espaço primordial da produção de conhecimento e dos futuros lugares que serão preenchidos no mercado de trabalho.

Por que há um silêncio em torno da segregação da população negra? Estas reflexões proporcionam o desenvolvimento do pensamento, das ideias e da busca de problematizações para pensar o verdadeiro direito à cidade, das diferenças de classe social, cor/raça, gênero, gerações, educação e as demandas que se inscrevem no espaço público. Portanto, é preciso refletir sobre o quadro das desigualdades urbanas vinculadas às desigualdades raciais. Trata-se de pensar e desenvolver políticas para a construção de uma sociedade verdadeiramente democrática, que preza o direito à cidade para todos os seus habitantes.

Para melhor delineamento do texto, a primeira parte versa sobre o quadro histórico e atual da segregação brasileira e, sobretudo, a segregação da população negra. Na segunda parte, analiso as informações socioeconômicas do Censo Demográfico do IBGE de 2010 das cidades do Rio de Janeiro, Salvador e São Paulo, tendo em vista, verificar as desigualdades urbanas e as desigualdades raciais. Por último, faço as considerações finais, apontando que na história do século passado, o território empreendeu forças política, social e cultural diante do quadro de segregação racial, do racismo e das desigualdades. A história do século XXI está em construção, uma sociedade/cidade em busca de direitos e de oportunidades às diferenças.

Segregação urbana e racial

As sociedades capitalistas moderna e contemporânea trazem um marco no contexto da cidade e do urbano, que afeta a todos os que vivem e (re)produzem o espaço social: a questão da segregação.

A literatura sobre o assunto compreende abordagens que focalizam, em geral, a luta entre as classes sociais em torno do espaço e do ambiente construído[2] (LOJKINE, 1997; CASTELLS, 1983; VILLAÇA, 2001; VÉRAS, 2000; RIBEIRO, 1997), com exceção das sociedades norte-americana e sul-africana, onde o recorte de separação foi estruturado pela segregação racial. Nestas sociedades, o próprio Estado legalizou a pratica da segregação entre brancos e negros, privilegiando os primeiros em todos os lugares da sociedade; como o acesso aos serviços públicos e privados de consumo coletivo, escolas, universidades, habitação, centros de cultura e lazer, mercado de trabalho, transporte, entre outras.

Mediante literatura recente, considero que a segregação da população negra, histórica e contemporânea, é uma construção que dialoga com as questões referentes à classe social e raça (VARGAS, 2005; CARRIL, 2006, SILVA, 2006; OLIVEIRA, 2008; GARCIA, 2010).

A segregação da pobreza ou a segregação da riqueza, referência base da literatura nacional não é eficaz em explicar o quadro da população negra nas cidades brasileiras. É preciso problematizar que a questão das desigualdades e da marginalização da população negra no decorrer do século XX e no momento atual, não se resume à pobreza.

Nos estudos sobre a cidade e o urbano, a literatura acadêmica não trabalha raça como categoria analítica central (LOBATO, 1995; RIBEIRO, 1997; VILLAÇA, 2001; MARQUES, 2005). Segundo Vargas (2005), esses trabalhos não fazem a análise de maneira explícita, o que eles descrevem são aspectos da segregação espacial por raça.

---

2 Ambiente construído é formado por elementos fixos e fluxos, essenciais para o funcionamento da cidade e do urbano. Os materiais fixos são constituídos por hospitais, escolas, creches, cinemas, teatros, shopping centers, empresas do ramo industrial, comercial e prestação de serviços. Os fluxos são desde a rede de transportes coletiva e individual, a força de trabalho, os meios de comunicação via impressa, visual, áudio e on-line, entre outros.

Diversos autores (MARICATO, 1996; RIBEIRO, 1997; LAGO, 2000; VILLAÇA, 2001; MARQUES, 20005) analisam a segregação no Brasil, normalmente, a separação socioeconômica e espacial: a) a versão centro-periferia, que se tornou referência em todas as metrópoles brasileiras; b) a proximidade física, a partir da distância socioeconômica que separa as classes sociais e seus respectivos lugares na cidade.

Nery Junior (2005) analisa historicamente a cidade de São Paulo, em específico, a questão do zoneamento, desde suas origens, no final do século XIX até o ano de 1972, quando foi estabelecida a primeira lei geral de zoneamento. Por zoneamento, entende-se a adoção pelo poder público municipal de regras e normas que definem parâmetros de uso e de ocupação do solo, partes, ou a totalidade do território da cidade (NERY JUNIOR, 2005).

Em São Paulo, a elite paulistana se utilizou do zoneamento para dar forma a sua estratégia de segregação (VILLAÇA, 2001; NERY JUNIOR, 2005). Do final do século XIX até a etapa atual, a elite ocupou os bairros de Campos Elíseos, Santa Cecília, Barra Funda e, posteriormente, foi migrando em direção à região sudoeste da cidade; os distritos e bairros de Higienópolis, Av. Paulista e arredores, Vila Mariana, Paraíso, Jardins, Consolação, Perdizes, Ibirapuera, Itaim Bibi, Av. Luis Carlos Berrini e imediações.

A luta entre as classes sociais pelo espaço urbano é histórica em nossa sociedade. Em São Paulo, o quadrante sudoeste é o lugar construído pela elite para se autossegregar. O quadrante sudoeste reúne os distritos e bairros mais ricos da cidade, onde há maior presença de moradores brancos e, em contrapartida, a menor participação de moradores negros (IBGE, 2000; OLIVEIRA, 2008). Esta face da autossegregação também ocorre em outras capitais do Brasil, por exemplo, na capital baiana, a população de classe média e alta branca está, em maior proporção, nos bairros e distritos que compõem a cidade alta (GARCIA, 2009). Na capital carioca, é a zona sul que está sobrerrepresentada da classe média e alta branca (ROLNIK, 1989).

Como se constitui a segregação da população negra? A segregação racial no Brasil não é oficial, mas é informalmente instituída com a naturalização das desigualdades raciais. Analisando a literatura sobre segregação no país (CORREA, 1995; RIBEIRO, 1997; LAGO, 2000;

VILLAÇA, 2001; MARQUES, 2005), há indicações de que a população negra é segregada porque é marginalizada socialmente. A centralidade entre raça e espaço urbano que ocorre há um século é silenciada, invisível ou quando aparece ocupa um plano secundário.

Nas capitais do Rio de Janeiro, Salvador e São Paulo, desde as últimas décadas do século XIX até os dias de hoje, o Estado e os agentes do mercado capitalista da terra e da habitação trataram de limpar, inicialmente o centro e manter sob controle a população negra nas periferias, morros e nas áreas de pouco interesse do capital imobiliário (CHALHOUB, 1990; SILVA, 2006; CARRIL, 2006; OLIVEIRA, 2008, CAMPOS, 2007, GARCIA, 2010).

O Estado e os agentes do capital imobiliário da terra e da habitação são os atores responsáveis pela desterritorialização de antigos núcleos negros das três principais metrópoles do país. Quilombos rurais, semi-urbanos e urbanos, em sucessivas etapas proporcionadas pelo desenvolvimento urbano industrial foram perdendo espaço para dar lugar aos planos de urbanização, que tinham como objetivo: tornar as cidades modernas, belas e desenvolvidas. Os benefícios trazidos com o progresso e a modernidade não incluíram a população egressa do trabalho escravo, enfim, ela não é integrada à cidade e aos benefícios diretos e indiretos do mundo urbano industrial (FERNANDES, 1965; PINTO, 1998).

Pensando o delineamento da segregação racial, apresento nove referências para expor os resultados do mito da igualdade racial no urbano e na cidade.

A primeira referência apoia-se no contexto das três primeiras décadas do século XX, com a inauguração da Universidade de São Paulo, dentre os professores estrangeiros convidados, destaca-se o antropólogo Claude Levis Strauss. Em Tristes Trópicos, o autor apresenta faces da etnografia urbana, da qual observa a estrutura da segregação nas cidades de São Paulo e Rio de Janeiro.

> Pastos de vacas entendem-se ao pé de imóveis em concreto, um bairro surge como uma miragem, avenidas ladeadas de luxuosas residências são interrompidas de um lado e outro por ribanceiras; ali, uma torrente barrenta circula entre as bananeiras, servido ao

> mesmo tempo de nascente e de esgoto para casebres de taipa sobre a estrutura de bambu, onde se encontra a mesma população negra que, no Rio, se instala no alto dos morros (...) Certos locais privilegiados da cidade conseguem acumular todos os aspectos. Assim, à saída das ruas divergentes que seguem em direção do mar, desembocamos na beira do barranco do Rio Anhangabaú, cruzado por um ponte que é uma das principais artérias da cidade.
>
> (...) Talvez o urbanismo tenha agora resolvido o problema, mas em 1935, no Rio, o lugar ocupado por cada um na hierarquia social media-se pelo altímetro: tanto mais baixo quanto mais alto fosse o domicílio. Os miseráveis viviam empoleirados nos morros, nas favelas onde populações de negros, vestidos de trapos bem limpinhos, inventavam ao violão essas melodias alertas que, na época do Carnaval, desceriam das alturas e invadiriam a cidade junto com eles. (LÉVI-STRAUSS, 1996, p. 83 e 95).

Desde as primeiras décadas do século XX, o retrato etnográfico da população negra nas cidades de São Paulo, Salvador e Rio de Janeiro não passou por transformações estruturais; negros e negras continuam nos lugares pobres, distantes das melhores áreas da cidade ou próximos, mas distantes da hierarquia socioeconômica.

A etnografia urbana de São Paulo e Rio de Janeiro, observada por Lévi-Strauss é importante para a reflexão contemporânea. Ela possibilita extrair uma interpretação referente à ausência de debates e reflexões no campo das ciências sociais de que a segregação urbana é racial. Por que os cientistas sociais não interpretaram a leitura etnográfica enquanto um quadro que retrata a segregação racial?

A literatura nacional concentra sua abordagem na tradicional leitura sobre o espaço social, que é a versão histórica sobre separação socioeconômica. Esta leitura incorporou toda a pobreza do contexto urbano e da cidade, diante deste jogo a população negra compôs e continua compondo a segregação da pobreza.

É majoritária a referência da literatura nacional em torno da produção da EFSUM - Escola Francesa de Sociologia Urbana Marxista. A literatura nacional concentrou-se em estudos sobre a regularização fundiária, a ação do Estado, o saneamento, a questão da moradia e a distribuição diferenciada das residências no espaço urbano.

Durante os anos de 1970 até o final de 1990, prevaleceu a produção brasileira (dissertações e teses) nessa área de ensino e pesquisas aplicando e desenvolvendo o conceitual teórico metodológico da EFSUM (PACHECO e LEME, 1994). A EFSUM foi e continua sendo referência para a produção nacional, através deste recorte a literatura da academia brasileira compôs as primeiras observações sobre a segregação urbana, a luta dos movimentos sociais urbanos em torno do ambiente construído, a espoliação urbana e o crescimento desordenado da cidade e, principalmente das habitações fora da lei (favelas, loteamentos irregulares, autoconstrução e palafitas), no entanto, a produção relacionando espaço urbano e raça teve origem na década de 1980.

Os estudos sociológicos e antropológicos em relações raciais, sobretudo as principais obras patrocinadas pela Unesco, Revista Anhembi e Convênio Estado da Bahia - Columbia University tiveram a direção intelectual de pesquisadores e tendências teóricas diversas. Em princípio, Gilberto Freyre, Charles Wagley, Donald Pierson, Roger Bastide, na primeira geração; Florestan Fernandes, Costa Pinto e Thales de Azevedo, Oracy Nogueira, René Ribeiro, Guerreiro Ramos, Pierre Van den Berghe e Marvin Harris, na segunda geração; Fernando Henrique Cardoso e Octávio Ianni, na terceira geração (GUIMARÃES, 1999). Os estudos promovidos por estes pesquisadores, mediante as linhas de pensamento, chegaram a três diagnósticos diversos.

Parte dos estudos realizados na Bahia, Recife e Norte do país, chegaram a conclusões de que o preconceito racial era fraco, senão inexistente no Brasil. Nos estudos realizados em São Paulo, Rio de Janeiro e sul do país, a documentação analisada conclui que o preconceito no país é forte, porém, é negado, sobretudo nos espaços públicos e privados.

Segundo outra versão, haveria uma discordância ideológica e política entre a escola paulista e a escola baiana, acerca do caráter da sociedade brasileira. Os estudos da escola paulista comprovaram o crescimento do racismo no país, enquanto a escola baiana teria defendido o ideal da democracia brasileira (GUIMARÃES, 1999).

A terceira versão tem por objetivo destacar as linhas de pensamento, as diferenças entre as faces do moderno e o tradicional, em termos de preconceito e de relações raciais que se estruturaram no contexto brasileiro. Em resumo, os estudos iniciais apresentaram diferenças de escolas, do ponto de vista metodológico e interpretativo, fundamentais para a análise histórica e contemporânea sobre as desigualdades raciais no país.

Conforme comentários acima, a literatura que se apoia na produção da EFSUM (PACHECO e LEME, 1994) define a luta de classes e os desdobramentos da produção e reprodução do espaço social como os objetos centrais para compreender e interpretar a segregação brasileira. Já a produção nacional sobre relações raciais priorizou a inserção da população negra na sociedade de classes, o quadro socioeconômico do desenvolvimento nacional e as associações/organizações do universo cultural afro-brasileiro. Em ambas as leituras, a vinculação entre espaço urbano e relações raciais não foram problematizadas, elas somente aparecem em uma interpretação, ora generalista, expondo o quadro da pobreza e, ora particularista, através do contexto dos lugares da população negra (ROLNIK, 1988; OLIVEIRA, 2008; 2009).

O segundo argumento, refere-se a leitura sociológica da cidade de São Paulo nas três primeira décadas do século XX. Florestan Fernandes e Roger Bastide (1971) publicaram o primeiro estudo sobre as relações raciais em São Paulo, referente às primeiras décadas pós-abolição. Constataram que a ideia de paraíso racial é um engodo, não existe igualdade na realidade social brasileira.

Nos idos de 1930, bairros como Bexiga, Barra Funda, Liberdade e ás áreas centrais da capital paulistana, negros e brancos compartilhavam o mesmo espaço geográfico. Compartilhavam da mesma geografia social, mas prevalecia a sobre-representação negra nos subterrâneos da cidade: nos cortiços e porões (OLIVEIRA, 2002; 2008).

O terceiro argumento tem como fundamento as obras de Donald Pierson (1945) e Thales de Azevedo (1955), que retratam a população negra na cidade de Salvador: a maioria das pessoas de cor vivem, como toda a classe baixa, em bairros pobres nos contornos da cidade ou em pequenos aglomerados de casas modestas intercaladas nas áreas residenciais das classes mais altas, porém, nestas áreas vivem ao lado dos brancos, mas distantes da hierarquia socioeconômica. Pierson e Azevedo apenas interpretaram a capital soteropolitana como uma sociedade multirracial de classes, se ausentando da observação sobre a segregação de base racial. Dentre as capitais das cidades brasileiras, Salvador é a mais expressiva em população negra, em números relativos, hoje, são 79,46% de negros (IBGE, 2010). Na capital baiana a população negra vive nas periferias, subúrbios, nas encostas, morros e favelas e nas áreas próximas das classes média e alta, mas bem distante do quadro socioeconômico da população branca.

O quarto argumento apoiado na obra de Luiz da Costa Pinto (1988) analisa a segregação da população negra e pobre na cidade do Rio e Janeiro, nos idos de 1940. A leitura da segregação carioca é analisada por intermédio de três categorias: a posição social, a situação ecológica e a condição étnica. Cada pedaço da cidade é ocupado conforme a condição do ambiente construído: quanto maior a urbanização, maior a participação de brancos e, no sentido inverso, quanto menor a urbanização, maior a participação de negros, em resumo, quanto mais proletária a área, maior a participação da população negra (PINTO, 1998).

As ideias de Abdias do Nascimento reforçam o fundamento do quinto argumento. O autor assinala em dois momentos a segregação na cidade do Rio de Janeiro, tendo como protagonistas o morro, as favelas e o subúrbio. Em 1950, organiza e lidera juntamente com os movimento sociais negros proposições de intervenção referente ao quadro da população negra na sociedade nacional, com o objetivo de descaracterizar e combater o mito da igualdade racial, como, por exemplo, ao descrever e tornar público o estado de pobreza negra na capital carioca (NASCIMENTO, 1978; 2006).

É importante indicar que a imprensa negra e os movimentos sociais negros desde as primeiras décadas do século XX já traziam a problematização das políticas públicas para a superação do racismo e das desigualdades. A Imprensa Negra e o Teatro Experimental do Negro em suas ações, problematizavam e vinculavam as questões mais prementes às relações raciais, haja vista os trabalhos desenvolvidos na área de educação, formação profissional para acesso e mobilidade no mercado de trabalho.

Na biografia sobre Abdias do Nascimento há considerações sobre a segregação no Rio de Janeiro, reiterando a expansão em direção à região metropolitana, como a Baixada Fluminense; que vive os estereótipos da marginalização social, das praticas abusivas da violência e, de forma sistemática, o poder do tráfico de drogas (NASCIMENTO, 2006).

No percurso histórico e político de Abdias do Nascimento, um tema central é a luta por igualdade e a busca incessante da verdadeira democracia brasileira. O exercício de atividades políticas e sociais no âmbito institucional e na sociedade foram e são importantes para o desenvolvimento de políticas de promoção da igualdade social e racial. As lutas, reflexões e ações de Abdias refletiram no contexto recente, haja vista a a aprovação do Estatuto da Igualdade Racial, o Programa Integral de Saúde da População Negra, a Lei 10.639/2003 e a política de ação afirmativa para negros, indígenas e pobres no âmbito da educação de ensino médio, tecnológica e superior.

Com a ausência de instrumentos legais e jurídicos sob a ótica da segregação racial na sociedade brasileira, a literatura acadêmica ora normatiza o quadro das desigualdades de classe social e, ora assume a ideologia do mito da igualdade racial.

Hoje, o quadro das desigualdades entre brancos e negros não sofreu grandes mudanças estruturais. A distribuição entre brancos e negros nas urbes carioca, soteropolitana e paulistana é um contexto semelhante ao passado; antes, eles estavam nos cortiços e porões, hoje, eles se encontram nos espaços reservados às periferias, morros, favelas, loteamentos irregulares e em uma posição marginalizada do quadro socioeconômico e urbano (FERNANDES, 1989; OLIVEIRA, 2008; 2012).

Lélia Gonzáles (1982) é a referência base do sexto argumento, descrevendo os lugares habitados por brancos e negros nas cidades brasileiras. Conforme a autora, da cidade escravista à cidade contemporânea, brancos e negros ocupam diferentes posições socioeconômicas e territoriais no país.

> O lugar natural do grupo dominante são moradias amplas, espaçosas, situadas nos mais belos recantos da cidade ou do campo e devidamente protegidos por diferentes tipos de policiamento: desde os antigos

> feitores, capitães do mato, capangas etc, até a política formalmente constituída. Desde a casa grande e o sobrado, aos belos edifícios tem sido sempre o mesmo. Já o lugar natural do negro é o oposto, evidentemente: das senzalas às favelas, cortiços, invasões, alagados e conjuntos habitacionais (...) (GONZÁLES, 1978).

Espacialmente e temporalmente, por mais de 120 anos, os lugares e posições sociais da população negra nas cidades brasileiras permaneceram as mesmas, diminutas mudanças aconteceram na estrutura socioeconômica, política e cultural do país.

A sétima referência apoia-se em Hasenbalg (2005), o qual observa que a pós-abolição e a inserção da população negra na sociedade de classes não se concretizou em grandes benefícios, em condições socioeconômicas semelhantes ao quadro social da população branca. A ausência da segregação legal no Brasil acentuou o quadro das relações raciais e, em especial, a crença do mito da igualdade racial. A população negra é majoritária no sub-proletariado e para ela decaem dificuldades de mobilidade para ascender; está vinculada à origem social, ao lugar espacial que lhe é imposto e à ordem de classes, que delimita os lugares na sociedade brasileira, como o mercado de trabalho e a educação, espaços que poderão, no presente e no futuro, viabilizar a mobilidade socioeconômica e o direito à cidade.

Como argumenta Hasenbalg (2005) a sociedade brasileira mantém a estrutura de privilégio branco e a subordinação negra, evita a constituição da raça como princípio da identidade coletiva e ação política. O mito da igualdade racial manifesta-se na ausência de conflitos raciais abertos, na segregação da pobreza negra e na desmobilização política dos negros, fazendo com que os componentes racistas do sistema permaneçam incontestados, sem necessidades de recorrer a um alto grau de coerção.

Desde as últimas décadas do século XX o movimento social negro vem fortalecendo a luta contra o mito da igualdade racial, sobretudo com a produção e conquista de política de promoção dos direitos sociais e raciais. No entanto, os conflitos não se materializaram em mudanças estruturais na hierarquia social e na estrutura que mantem a população negra no lugar de lupen-proletariado.

Rosemberg (1991) produz importantes contribuições para dimensionar a oitava referência. Segundo a autora, a escola dos alunos negros é de pior qualidade - pública e particular - em relação à escola frequentada pelo aluno branco. O ambiente escolar de alunos negros e pobres na capital paulistana e especialmente nas periferias são, em geral, de baixa qualidade, falta-lhes estrutura no capital educacional e cultural, o corpo docente apresenta deficiências de capacitação e formação, e o próprio aluno negro, sobretudo os que estudam no horário noturno precisam conjugar o trabalho e a qualidade educacional que lhes é ofertado para continuar pensando na sobrevivência socioeconômica.

As ideias de Buarque (1993) sustentam a nona referência. O autor declara que o país vive o apartheid social, onde os direitos básicos de cidadania não são respeitados em relação aos mais pobres, sobretudo aos negros. Os negros são excluídos não apenas pela pobreza, mas também pela cor, sofrendo duplo apartheid, o racial e o econômico que são de difícil superação com a ausência de políticas que combinem as desigualdades sociais e as desigualdades raciais.

Para completar, o décimo argumento, apoiado nas ideias de Werneck (2013), Lopes (2013) e Oliveira (2013), observo que espaço urbano e raça e saúde e relações raciais são fenômenos em intersecção nas cidades brasileiras e a não intervenção subordina o direito e a democracia às praticas do racismo. Nas cidades brasileiras, a população negra apresenta disparidades socioeconômicas, raciais e em saúde, este quadro no decorrer da vida social reflete em obstáculos e barreiras que se agravam diante do nascimento, desenvolvimento, adoecimento e morte de negros e negras. A segregação de base racial, no que diz respeito à saúde, é mediadora do perfil epidemiológico da população negra: as taxas de homicídios de homens, jovens, negros e pobres; avanços substanciais das taxas de hipertensão, doenças cardiovasculares, estresse, depressão; a incidência da anemia falciforme; avanço do índice de gravidez na adolescência; tratamentos desiguais para homens e mulheres negras, sobretudo mulheres negras nas condições de gestantes, exames regulares e em especialidades.

O racismo institucional tem forte repercussão no quadro da segregação, para os brancos, a produção, reprodução e gestão do espaço social resulta em privilégios nas cidades e, no que se refere aos negros, o ambiente construído, os serviços públicos e privados são sempre em condições inferiores. A segregação racial naturaliza o aprisionamento e o fechamento da população negra em territórios da pobreza e em lugares, espaços e funções de subalternidade.

A partir dos argumentos acima, as referências de Lévi-Strauss (1996), Fernandes (1971), Pierson (1945), Azevedo (1955), Costa Pinto (1998), Nascimento (1978; 2006), Gonzáles (1982), Hasenbalg (1998), Rosemberg (1991), Buarque (1993), Lopes (2013), Oliveira (2013) e Werneck (2005) interpreto que a segregação é racial, embora, conforme apontei inicialmente, o campo das ciências sociais insiste na assertiva social.

As desigualdades entre brancos e negros diante do contexto da cidade e do urbano ultrapassam a tradicional definição socioeconômica. A concepção da segregação das elites ou da pobreza, não é suficiente para interpretar a cartografia negra nas cidades brasileiras (OLIVEIRA, 2002, 2008; SILVA, 2006; GARCIA, 2010). Mesmo nas áreas pobres, negros e negras estão sobrerrepresentados no quadro socioeconômico das desigualdades.

Portanto, a investigação sobre raça e espaço urbano, em especial, a segregação da população negra, deve ser crítica em razão do silêncio do mito da igualdade racial presente em nossa contemporaneidade; universidades, em diversas esferas do Estado (município, estado e união), no mercado de trabalho e nas áreas de melhor remuneração, nos espaços da habitação e em seu entorno social, em escolas públicas e privadas do ensino básico, fundamental e médio, em inúmeras formas de contato social de âmbito público e privado.

O quadro histórico e contemporâneo das desigualdades e do racismo: Rio de Janeiro, Salvador e São Paulo

As cidades do Rio de Janeiro, Salvador e São Paulo, no curso do século passado se tornaram as principais capitais do país. Elas são expressivas em poder socioeconômico, político e cultural, cada uma compondo o cenário urbano com suas semelhanças, diferenças e contradições. Estas urbes são emblemáticas na história do país, não se resumem ao quadro socioeconômico e político, mas em razão da estrutura humana que as sedimentou, edificou e sustentou o poder que hoje representam. A população africana e afro-brasileira, no passado, constituiu mão de obra que protagonizou as principais transformações urbanas, políticas, sociais e culturais da história do país. No transcorrer do tempo e do espaço, foi esta população que potencialmente sedimentou com sua força de trabalho o desenvolvimento do espaço urbano, do capital, da industrialização e, nos dias de hoje, do movimento da globalização.

A história da população negra nas cidades do Rio de Janeiro, Salvador e São Paulo, vinculando espaço urbano e raça, geralmente, está escrita no quadro geral das desigualdades e da segregação socioeconômica. Combinar espaço urbano e raça é fundamental para melhor compreender e delinear as desigualdades urbanas vinculadas às desigualdades raciais.

Rio de Janeiro, fundada em 1565, tem 449 anos de idade. A partir de 1808, com a transferência da família real para a cidade, passou a ser a capital federal do país. De 1808 até o final dos anos de 1950, foi o carro chefe de toda a estrutura em desenvolvimento do Brasil. Salvador, cidade de 465 anos, também ex-capital federal, foi a primeira sede da administração colonial portuguesa, seu poderio foi decrescendo em razão da transferência da família real para o Rio de Janeiro e a crise nas exportações de açúcar (GARCIA, 2009). São Paulo, cidade de 461 anos, no início era um pequeno e acanhado vilarejo, seu crescimento inicia-se nas primeiras décadas do século XX, gradualmente, conquista a condição de centro produtor e exportador da economia cafeeira.

Segundo a tabela 1, a população das três principais metrópoles do país, Rio de Janeiro, Salvador e São Paulo, vivenciaram grandes transformações demarcando semelhanças, diferenças e contradições na estrutura socioeconômica. No final do século XIX, a capital paulistana se limitava a 31.385 habitantes. Rio de Janeiro e Salvador estavam à frente do cenário brasileiro como as duas maiores cidades.

No decorrer de 1900 até o último recenseamento de 2010, a capital paulistana ultrapassou as metrópoles carioca e baiana. Sua elevação à sede da economia nacional, latino americana e da economia global teve como base, em princípio, o trabalho de africanos e afro-brasileiros em todas as frentes, sedimentando as forças do desenvolvimento nacional. Posteriormente, o Governo do Estado promoveu a modernização da sociedade com a política de branqueamento, via imigração estrangeira, que culminou na substituição do trabalhador nacional pelo trabalhador branco europeu, em seguida, com a sociedade urbana industrial em desenvolvimento e mão de obra farta, conquistou o principal posto da economia nacional, nos idos de 1960 ultrapassou a capital carioca, nas décadas posteriores, presenciou a substituição da produção industrial pela prestação de serviços e do mundo globalizado.

Hoje, São Paulo é a maior cidade do contexto nacional e latino americano, Rio de Janeiro é a segunda do país e a sexta do cenário latino americano, a cidade de Salvador ocupa o terceiro lugar no país e a oitava posição em terras latino-americana. A ordem é a seguinte: São Paulo, Cidade do México, Buenos Aires, Lima, Bogotá, Rio de Janeiro, Santiago e Salvador.

Tabela 1 - População das cidades do Rio de Janeiro, Salvador e São Paulo, 1872/2010.

ANO	RJ	SAL	SP
1872	274.972	129.109	31.385
1890	522.651	174.412	64.931
1900	811.443	205.813	239.820
1920	1.157.873	283.422	579.033
1940	1.764.141	290.443	1.326.261
1950	2.377.451	417.235	2.198.096
1960	3.307.163	649.453	3.825.31
1970	4.315.746	1.007.195	5.978.977
1980	5.183.992	1.501.981	8.587.665
1991	5.473.909	2.056.013	9.626.894
2000	5.851.914	2.440.828	10.405.867
2010	6.320.446	2.675.656	11.253.503

Fonte: Diretoria Geral de Estatística, 1872/1930, Recenseamento do Brasil 1872/1920; IBGE, Censo Demográfico 1940/2010. Até 1960, dados extraídos de Estatísticas do século XX, Rio de Janeiro: IBGE, 2007.

Conforme o último Censo Demográfico do IBGE de 2010, são 190.404.905 de brasileiros que vivem, trabalham e realizam a produção social do espaço nas cidades brasileiras. Deste universo, 49,89% da população brasileira é negra (pretos e pardos) e 48,67% é constituída por brancos. Acredito que é importante analisar como se distribuem negros e brancos, sobretudo os negros, nas cidades pequenas, médias, grandes e nas metrópoles do país. A separação, marginalização e a exclusão social da população nacional não corresponde ao limitado olhar socioeconômico. Segundo Kowarick (2005) é importante observar como a população negra se distribui no espaço das cidades; na questão da habitação e seu entorno, nas mais dinâmicas áreas do mercado de trabalho, no ambiente escolar e nos espaços públicos. Não é possível entender e interpretar a segregação brasileira retirando uma questão primordial, a questão do racismo e das desigualdades raciais que está presente em nossa sociedade há 126 anos.

No censo demográfico de 2000, a população negra das metrópoles do Rio de Janeiro, Salvador e São Paulo, representavam 2.370.584, 1.834.539 e 3.133.314 habitantes, em dados absolutos. A capital paulistana detinha o maior contingente populacional de negros no cenário nacional, seguida do Rio de Janeiro e Salvador. No entanto, é a capital da Bahia a metrópole brasileira com a maior presença de negros e negras. O território soteropolitano reunia 76,5% de população negra, é uma forte expressão social significativa para a identidade local e nacional.

Durante a transição da cidade escravista à cidade contemporânea, negros e negras vivenciaram e lutaram em diferentes frentes. Na pós-abolição, esta população se deparou com situações conflitantes, como, por exemplo, o acesso à moradia, a permanência e desenvolvimento no mercado de trabalho e as garantias mínimas para o exercício do direito à cidade.

No primeiro censo demográfico do século XXI, Rio de Janeiro, Salvador e São Paulo, apresentam um novo quadro demográfico entre brancos e negros em relação ao anterior: conforme a tabela 2, não houve crescimento demográfico para a população branca, em 2000 eram 58,9%, 23,5% e 66,9% de habitantes. Na etapa atual ela corresponde a 51,18%, 18,89% e 60,64% de habitantes brancos, minha hipótese baseia-se em baixa taxa de natalidade, alta taxa de mortalidade e o fator socioeconômico e urbano com a migração da população para as regiões do entorno e fora do contexto local (a população está indo em direção às cidades da região metropolitana, interior e para outros estados). Situação diferente apresentou a população negra, que cresceu do ponto de vista demográfico em todas as dimensões geográficas, desde o contexto nacional, estadual e local, mas há um fator político e ideológico de grande peso neste crescimento, diz respeito aos homens e mulheres que se reconheceram diante do racismo brasileiro. Esta perspectiva foi sendo construída no decorrer da história nacional e nas últimas décadas do século XX com a especial participação dos diferentes protagonistas que constituem o movimento social negro no país, neste cenário, a população negra que era 41,1%, 76,5% e 30% em 2000, avança para 47, 96%, 79,46% e 37% em 2010 nas cidades do Rio de Janeiro, Salvador e São Paulo.

Considero importante refletir e analisar a participação da população negra na história, no espaço urbano, na política e na formação cultural das cidades brasileiras, sobretudo o papel de protagonista para a produção social do espaço urbano das cidades no país. Durante a escravidão, na pré e pós-abolição e na sociedade republicana, do trabalho livre e da sociedade de classes, Rio de Janeiro, Salvador e São Paulo, escreveram histórias semelhantes, diferentes e que também se cruzam, conforme os interesses em disputa, haja vista a história do mercado privado da terra e da habitação no país, que beneficiou a população estrangeira e branca no acesso à terra e às principais benfeitorias materiais, de outro lado, deixou à margem a população nacional, sobretudo a população negra do acesso à terra e habitação e à mobilidade no mercado de trabalho da sociedade urbano industrial (FERNANDES, 1989; HASENBALG, 2005).

Tabela 2 - População branca e negra das cidades do Rio de Janeiro, Salvador e São Paulo, 2000/2010.

2000	Branca			Negra		
Pop.	RJ	SAL	SP	RJ	SAL	SP
Absoluta	3.407.338	564.858	6.988.908	2.379.584	1.834.539	3.133.314
Relativa	58,9%	23,5%	66,97%	41,1%	76,5%	30%

2010	Branca			Negra		
Pop.	RJ	SAL	SP	RJ	SAL	SP
Absoluta	3.234.812	505.645	6.824.668	3.031.301	2.126.261	4.169.301
Relativa	51,18%	18,89%	60,64%	47,96%	79,46%	37%

Fonte: Censos Demográficos do IBGE, 2000 e 2010.
Organização dos Dados: Reinaldo José de Oliveira.

Nas últimas décadas do século XIX e nas primeiras do século XX, a questão da habitação e do mercado de trabalho na sociedade brasileira foram pontos importantes da conjuntura em fase de transição: da sociedade agrária e exportadora para a sociedade industrial. Dentre as três metrópoles, destaco que o Rio de Janeiro foi quem apresentou as primeiras impressões, crises e transformações do espaço urbano, em particular, a questão da habitação e seu entorno. No Rio, nos idos de 1890, estava à frente do governo municipal o prefeito Barata Ribeiro, responsável pela política de limpeza, higienização e a derrubada dos cortiços e habitações precárias do centro da cidade. O plano de melhoramentos, inspirado na urbanização francesa buscava as impressões da sociedade moderna tendo como princípios a limpeza e a estética da beleza e do moderno. Estes princípios, colocavam à margem da cidade e do urbano a população negra dos lugares e posições sociais mais desenvolvidos. A massa negra, sem perspectiva de lugar para viver dignamente, expulsa das áreas centrais e/ou sem outras possibilidades do direito à moradia, rumou em direção aos morros da cidade para a edificação das favelas e dos seus espaços de lazer, cultura e sociabilidade (CAMPOS, 2007; CHALHOUB, 2009).

Em São Paulo, a política de modernização, higienização e limpeza do centro aconteceu posterior ao Rio de Janeiro. Nos idos de 1900, o prefeito municipal Antonio Prado também determinou a limpeza urbana, via legislação municipal com a desapropriação dos bens materiais e não-materiais da Irmandade Nossa Senhora do Rosário dos Homens Pretos. Na época, a irmandade era proprietária de sua igreja, casas para os irmãos promoverem a auto-ajuda de forros, libertos e negros e o cemitério para o enterro e realização de ritos religiosos dos irmãos mortos, localizado entre as Ruas Direita, São Bento e Barão de Itapetininga. O plano de melhoramento municipal determinou a retirada da igreja e todos os seus pertences, até o nome da praça foi apagado para receber o nome do poder oficial. A remoção da irmandade significou a ida para uma área mais distante do centro, bem inferior do ponto de vista físico, quanto ao pagamento pela desapropriação, a irmandade recebeu quantia inferior ao que havia solicitado. No novo terreno da irmandade negra, foi determinado apenas a construção da igreja, proibiu-se a construção das casas e do cemitério dos irmãos (AMARAL, 1991). Hoje, no antigo espaço da irmandade está instalada a sede da Bolsa Econômica de Valores, sede do capital nacional e internacional.

Houve um grande impacto socioeconômico, espacial e simbólico na realidade da irmandade e da população negra, além da desterritorialização da irmandade, o poder público implantou a modernização da cidade, haja vista a política que promoveu a vinda de mão de obra estrangeira com dinheiro público, financiando todo o transporte, o acesso à terra, à habitação e a garantia do trabalhador estrangeiro nas principais funções do mercado de trabalho paulistano. O conjunto de políticas que beneficiou o trabalhador estrangeiro privou a participação da mão de obra negra na cidade, desde a ocupação social do espaço da habitação até a realização de antigas e novas funções no mercado de trabalho urbano industrial.

No Rio de Janeiro, a política de imigração não sofreu o mesmo impacto de São Paulo, com a forte entrada de imigrantes estrangeiros com financiamento do poder público. Em São Paulo o poder público assumiu a maior parte das despesas (HASENBALG, 2005). A questão central desta reflexão, a respeito do contexto das primeiras décadas do século XX na cidade de São Paulo é que não havia necessidade de mão de obra estrangeira, a capital paulistana necessitava de políticas públicas para garantir o desenvolvimento socioeconômico e espacial da população que sedimentou o desenvolvimento da cidade.

No centro paulistano, brancos e negros viviam em espaços sociais semelhantes, eles compartilhavam os cortiços, mas se diferenciavam na hierarquia social e espacial; nos cortiços os brancos habitavam o pavimento superior e os negros residiam nos porões, insalubres, escuros e pequenos.

A favela na cidade de São Paulo entra em cena a partir do final dos anos de 1930 e início de 1940, com a instalação da crise da habitação no país (BONDUKI, 1998). Nas três primeiras décadas do século XX, com a política de modernização, embranquecimento e expulsão dos negros das áreas centrais, gradualmente, os antigos núcleos negros foram perdendo espaço e a população negra foi sendo expulsa para as primeiras periferias da cidade. Nos primeiros anos de 1900 eles saíram da Sé, Sul da Sé, Baixada do Glicério, Liberdade e arredores, posteriormente, com o novo impacto de desterritorialização e modernização da cidade, a população negra foi obrigada a sair dos bairros do Bexiga, Barra Funda, Santa Cecília e seguir em direção aos bairros da Casa Verde, Limão, Jabaquara, Vila Formosa, Santo Amaro, em áreas com baixíssima taxa de urbanização e sem ambiente construído (ROLNIK, 1997; OLIVEIRA, 2008). A ocupação do espaço urbano foi se efetivando e transformando, conforme o desenvolvimento do capitalismo nacional, o poder socioeconômico e a condição de cor/raça da população paulistana, mas foi a população negra o grupo sobrerrepresentado nas novas periferias que se abriram no corpo da cidade.

Em Salvador, a experiência da produção social do espaço pela população negra também foi marcada por intensas lutas em torno de um lugar na sociedade/cidade. Desde as primeiras revoltas, revoluções e embates em torno da liberdade e do fim da escravidão, a massa negra na capital baiana foi construindo seu lugar, seus territórios e espaços de produção. Por exemplo, os negros que participaram da Revolta dos Malês, eles viviam nos arredores das áreas ricas e chácaras, na cidade baixa e nos vilarejos do Recôncavo Baiano. Segundo João José Reis (2003), a Revolta dos Malês, ocorrida em 1835, por pouco não se efetivou, mas ela está inscrita nas pedras da cidade, do ponto de vista simbólico, enquanto resistência e enfrentamento. Hoje, os descendentes dos africanos e afro-brasileiros que protagonizaram a revolta, continuam perfazendo o espaço urbano; estão sobrerrepresentados na cidade baixa e, especialmente, nas áreas distantes do centro financeiro, socioeconômico e turístico, em direção às periferias.

Conforme Garcia (2009), na cidade de Salvador a questão da habitação nas primeiras décadas do século XX, sobretudo na década de 1940, é conhecida como o início, desenvolvimento e auge das grandes ocupações de loteamentos e terrenos para por em pratica a autoconstrução da habitação por conta do próprio trabalhador.

Em nossa contemporaneidade, a questão da crise e da falta de políticas públicas para a habitação continua inscrita nas cidades do país. Nas três maiores urbes do país, a questão da habitação é crítica e alarmente, no decorrer do século passado a habitação classificada como subnormal foi progressiva, sempre em quadro crescente. Na história do século XX, a questão da habitação foi tema central da classe trabalhadora, foi ela a protagonista e responsável pela edificação e toda a construção de suas habitações, por intermédio da política de autoconstrução nos finais de semana com a ajuda de familiares e vizinhos. A promoção de políticas habitacionais e do contexto urbano voltado para a população de baixa renda não obteve sucesso pelo poder público, parte dos investimentos foram orientados para atender os segmentos da classe média e alta (BONDUKI, 1998).

No Brasil, a segregação socioeconômica e racial tomou corpo nas cidades brasileiras com a ausência de políticas públicas e sociais voltadas para a população de menor poder aquisitivo, sobretudo a população negra, preterida dos melhores espaços em razão da condição socioeconômica e racial.

Na verdade, uma das razões da condição de não-cidadania da população negra, deve-se ao mito da igualdade racial, com o estabelecimento de barreiras, limites e lugares específicos ao grupo negro. Do ponto de vista espacial e socioeconômico, os espaços da cidade sofreram demarcações; aos negros, os espaços exclusivos das periferias e da pobreza. Após a abolição, gradualmente, as barreiras do racismo e das desigualdades foram impondo condições ao grupo negro em todas as áreas de desenvolvimento, como a habitação e seu entorno, o mercado de trabalho e as melhores funções da sociedade urbano industrial e a educação pública (OLIVIERA, 2008; GARCIA, 2009, SILVA, 2006; CARRIL, 2006).

A habitação e todo o conjunto que forma o entorno é primordial para o exercício da cidadania no país. É por meio da habitação que o ser humano tece suas primeiras experiências no ambiente social; desde o âmbito familiar, com as festas e comemorações, a reunião e os encontros religiosos, as inúmeras brincadeiras infantis que são construídas, ensinadas e compartilhadas entre crianças e adultos, ela é o lugar da realização das refeições entre amigos e familiares, mesmo nos dias de hoje do tempo e do espaço movidos pela globalização que prioriza o consumo e as ações artificializadas. A habitação é o lugar da reposição da força de trabalho de homens e mulheres na história da sociedade urbana, capitalista e global. Antes, na sociedade simples, a habitação desenvolvia, além da função da reunião familiar e da sociabilidade, diversas funções orientadas para a produção e reprodução das necessidades humanas, como a agricultura, a criação de gado, aves e outros animais, a produção e confecção de artigos voltados para o vestuário, transporte, educação e cultura.

Segundo Villaça (1986), a habitação é primordialmente o lugar de realizações materiais e não-materiais, é a sede e berço da história de cada ser humano, que nasce, cresce e tece a sua história, identidades, culturas e realizações. Ela não se resume ao espaço físico, é todo um conjunto de relações sociais, políticas, culturais e simbólicas que dão forma ao local de proteção e vida do ser humano.

No Brasil contemporâneo, a questão da habitação é primordial para todos os segmentos socioeconômicos, porém, na sociedade moderna e capitalista, a terra e a habitação foram transformadas em mercadoria. Sendo um bem colocado à venda no mercado, nem todos podem adquiri-la, a lei estabelece que a compra e venda da habitação é regida pelo poder socioeconômico e a legislação política que estabelece as construções, as normas, regras e tipos de construções adequadas para o espaço urbano.

Segundo o Censo Demográfico do IBGE 2010, do universo de 91.405.905 habitantes, 11.425.644 habitam em residências subnormais; em habitações construídas fora da legislação urbanística, são favelas, cortiços, porões, palafitas, habitações construídas em terrenos públicos e privados e em áreas de proteção ambiental, são habitações edificadas irregularmente, próximas de córregos e em terrenos com irregularidades físicas. Do ponto de vista relativo, são 12,5% de pessoas morando em habitações subnormais. Deste universo, são 3.493.423 habitantes brancos no território nacional que habitam espaços subnormais, correspondem a 30,57%. Entre os habitantes negros, são 6.337.698 em habitações subnormais, são respectivamente 55,46% do universo da população em espaços subnormais.

A distribuição total de pessoas em habitações subnormais nas cidades do Rio de Janeiro, Salvador e São Paulo, conforme a tabela 3, refere-se a 1.393.314, 882.204 e 1.280.400 habitantes. Em dados relativos, correspondem a 22,16%, 33,07% e 11,42%. Calcula-se que os números absolutos e relativos sejam superiores ao que o IBGE apresenta, porque a contagem de pessoas em habitações subnormais é realizada conforme um parâmetro de classificação: acima de 50 unidades habitacionais são classificadas como subnormais, abaixo de 50 não são classificadas como inadequadas. Portanto, o quadro da habitação subnormal é mais alarmante do que se apresenta. Para esta reflexão, mantenho as observações tendo como fundamento as informações do IBGE.

Rio de Janeiro, Salvador e São Paulo são capitais que respondem por 31,12% de habitações subnormais no território nacional. No âmbito estadual, estas federações respondem juntas por 50% de habitações subnormais.

Entre brancos e negros, a habitação subnormal está distribuída mediante o poder aquisitivo, o lugar socieconômico e espacial que cada indivíduo ocupa na sociedade. Nas três metrópoles, a população branca apresenta os menores indicadores em relação aos negros, são 30,57%, 33,10% e 10,95. Para os negros, decaem os maiores indicadores de habitações subnormais, 65,85%, 87,42% e 60,64% em espaços fora da lei nas capitais carioca, baiana e paulistana. No país como um todo, 68,32% de moradores em aglomerados subnormais são negros.

Tabela 3 - Aglomerados Sub-normais, classificado por cor/raça.

CIDADE/País	Aglomerado	%	Branco	%	Negro	%
Brasil	11.425.644	12,50	3.493.423	30,57	7.806.572	68,32
RJ	1.393.314	22,16	461.284	33,10	917.514	65,85
SAL	882.204	33,07	96.630	10,95	771.238	87,42
SP	1.280.400	11,42	496.247	38,75	776.495	60,64

Fonte: Censo Demográfico do IBGE, 2010.

Organização dos Dados: Reinaldo José de Oliveira.

São as favelas e loteamentos irregulares construídos fora da lei que prevalecem nas três metrópoles e no país como um todo. Observando a história da habitação no país e, em especial, em cada cidade aqui estudada, a questão da habitação não deve ser interpretada como um caso de polícia. Desde as últimas décadas do século XIX até a etapa atual, a habitação classificada em favelas, cortiços, palafitas, mocambos, loteamentos irregulares e fora da lei, avançou sem limites chegando a atingir o número de habitantes semelhante a cidade de São Paulo. O crescimento é uma questão política não resolvida há mais de um século de história socioeconômica das cidades no país. Os habitantes dos espaços subnormais não são pessoas fora da lei, que devem ser tratados com ferro e fogo, como se fossem bandidos e marginais. Eles, brancos e negros, sobretudo os negros, eles lutam por um lugar para repor a força de trabalho, compor o ambiente familiar, comemorar, festejar e chorar os momentos de tristeza e sofrimentos. O avanço deve-se a falta de políticas públicas para a população que mais está sujeita aos espaços subnormais e, especialmente, a ausência de vontade política para resolver um problema histórico, inscrito em nossa sociedade há 126 anos.

Uma expressão muito importante para a composição, desenvolvimento e permanência dos bens materiais e não-materiais da habitação, diz respeito ao rendimento do chefe de família e das pessoas que compõem a unidade familiar. No Brasil, a renda do trabalhador é fundamental para determinar o lugar que ele e seus familiares irão fixar residência. Em nossa sociedade, desde as primeiras décadas do século XX é norma e regra a produção dos espaços voltados à habitação conforme o poder de compra, venda e consumo das pessoas que lutam e produzem o espaço social. No Brasil, ricos e pobres vivem em ambientes distintos; os primeiros, habitam em lugares com completa estrutura em ambiente construído, transporte, serviços de saúde, educação e cultura de melhor qualidade e, os pobres, ao contrário, habitam as regiões mais simples e precárias em ambiente construído e dos serviços essenciais ao direito à cidade.

No território nacional, a renda (valor do rendimento nominal médio mensal das pessoas, segundo classe social e raça) é diferencial, mediante a classe social, cor/raça, espaço urbano, por nível de instrução, gênero, ou seja, são características que servem de referência para definir o valor/ rendimento da população que vende a sua força de trabalho. Conforme a tabela 4, a renda média do trabalhador nacional corresponde a R$ 755,79 (em reais), a população branca aufere R$ 1.019,65 e a negra R$ 517,43. Em âmbito nacional, o rendimento médio segue a classificação por classe social, cor/raça e gênero e localização espacial: para homens e mulheres brancas, o rendimento médio é de R$ 1.019, 65, o homem recebe R$ 1.321,99 e a mulher R$ 745,73; entre os homens e mulheres negras, a média é de R$ 517,43, eles recebem R$ 644,00 e elas R$ 387,50.

As diferenças, em dados relativos, entre o rendimento de homens e mulheres negras ficam abaixo do rendimento de homens e mulheres brancas: homens e mulheres negras recebem apenas 50% em relação ao rendimento médio da população branca. Classificado por cor/raça e gênero, as diferenças de rendimento dos dados relativos se tornam mais alarmantes: o homem negro recebe 48% em relação ao rendimento do homem branco e 86% em relação aos valores da mulher branca; para a mulher negra, ela recebe 30% do rendimento do homem branco e 51% da media salarial das mulheres brancas.

As desigualdades de rendimento entre brancos e negros, nacionalmente, tende a variar segundo as áreas de maior desenvolvimento urbano, industrial e do capital globalizado. Regionalmente, os valores mudam nas cidades do Rio de Janeiro, Salvador e São Paulo, o rendimento médio corresponde a R$ 1.312,52, R$ 857,54 e R$ 1.296,58. Os valores variam conforme a classificação da cor/raça e gênero: na capital carioca o rendimento médio dos brancos é de R$ 1.816,31 e o dos negros R$ 763,00.

O rendimento entre os brancos, eles recebem R$ 2.322,09 e elas, R$ 1.399,60, entre os negros, o homem recebe R$ 943,76 e a mulher R$ 600,14. Na capital soteropolitana, o rendimento médio da população branca corresponde a R$ 1.711,00, do homem branco é de R 2.206,31 e R$ 1.316,41 para as mulheres. A população negra em Salvador, obtém em média, R$ 631,00, entre homens e mulheres negras, os primeiros recebem R$ 791,99 e elas R$ 490,58. Em São Paulo, a renda média da população branca representa R$ 1.642,00, o gênero masculino recebe R$ 2.166,91 e o gênero feminino R$ 1.297,30. A população negra da capital paulistana obtém rendimentos de R$ 703,07, os homens alcançam R$ 863,42 e as mulheres R$ 550,98.

Tabela 4 - Pessoas de 10 ou mais de idade, total e com rendimento, valor do rendimento nominal médio mensal das pessoas por cor/raça (Reais)

				Homens			Mulheres		
	Total	Branca	Negra	Total	Branca	Negra	Total	Branca	Negra
Brasil	755,79	1.019,65	517,43	962,84	1.321,99	644,00	559,83	745,73	387,50
RJ	1.312,52	1.816,31	763,00	1.649,39	2.322,09	943,76	1.022,19	1.399,60	600,14
SAL	857,54	1.711,42	631,00	1.077,48	2.206,31	791,99	669,50	1.316,41	490,58
SP	1.296,58	1.642,07	703,04	1.675,91	2.166,36	863,42	962,27	1.197,30	550,98

Fonte: Censo Demográfico do IBGE, 2010.
Organização dos Dados: Reinaldo José de Oliveira.

Em território brasileiro, a população negra recebe apenas 50% do rendimento da população branca. A classificação por gênero revela um quadro mais crítico para as mulheres negras. Os negros recebem 48% do rendimento dos brancos e as mulheres negras percebem 51% do rendimento das mulheres brancas.

Na capital carioca, em dados relativos, a mulher negra recebe 33% correspondente ao rendimento do homem branco e 42% do rendimento da mulher branca, o homem negro recebe 67% do ganho feminino e 40% do ganho masculino. No território baiano, a mulher negra, de forma muito limitada, recebe 22% do rendimento do homem branco e 37% dos valores da mulher branca. No âmbito paulistano, a mulher negra alcança apenas 33% dos ganhos do homem branco e 45% dos ganhos da mulher branca, para o homem negro corresponde a 39% da renda do homem branco e 72% da renda da mulher branca.

Portanto, o rendimento médio de homens e mulheres brancas no Brasil e nas três metrópoles são, em geral, superior aos rendimentos de homens e mulheres negras. No país, a distribuição de renda é também estruturada racialmente, a população negra está subrrepresentada nos mais baixos indicadores de rendimento socioeconômico, sobretudo, a mulher negra, que está abaixo dos rendimentos do homem branco, do homem negro e da mulher branca.

Brandão (2004), em estudo sobre a divisão perversa da distribuição de bens materiais e não materiais, estruturado por cor/raça,na região metropolitana do Rio de Janeiro, ao citar Telles, contribui para a reflexão sobre a etapa atual, a respeito do rendimento médio de brancos e negros no contexto nacional e regional. Segundo o autor, em 1996, os indivíduos pretos e pardos, ativos economicamente, recebiam entre 40% e 50% do que recebiam os indivíduos brancos. Esses indicadores são muito piores do que os existentes nos EUA. Em território norte-americano, os negros chegavam a receber cerca de 70% dos que recebiam os brancos. Estas informações demonstram como é a face da segregação racial no país; invisível, mascarada e a completa generalização no contexto da pobreza (BRANDÃO, 2004).

A desigualdade de renda está inscrita em nossa sociedade, não é de hoje, da pós-constituinte ou dos anos de 1990. Ela existe há 126 anos, desde a pós-abolição. Gradualmente, a força de trabalho negra vem sofrendo achatamento salarial, em momentos de crise interna e externa sempre abaixo dos rendimentos dos brancos.

Após mais de um século do fim do trabalho escravo, o trabalho manual continua sendo o lugar destinado à maioria de homens e mulheres negras. A massa negra foi incorporada parcialmente na sociedade urbana industrial. As contradições, diferenças e o abismo de rendimento entre brancos e negros, no momento atual, da sociedade de prestação de serviços e da globalização, irá requerer um conjunto de ferramentas do capital humano, social, cultural e econômico para que as desigualdades sejam eliminadas. A valorização e o investimento em capital humano possibilitará aos jovens negros disputar as ocupações e os mais altos rendimentos, tradicionalmente ocupados pelos brancos, em razão do racismo e dos benefícios diretos e indiretos das desigualdades raciais.

Compreendo que o cenário atual e futuro só terá mudanças estruturais, tendo em vista a superação do racismo, sobretudo no mercado de trabalho com a perversa distribuição de rendimento estruturada por raça e gênero. Esta transformação poderá se tornar concreta por intermédio de investimento em capital humano, econômico, científico, tecnológico e vontade política, com o investimento em educação pública e de qualidade para a população em geral, especialmente para a população negra e pobre.

O momento atual e futuro dos jovens negros e pobres não está no mercado de trabalho, está centrado na educação. É a educação nos ensinos fundamental, médio, técnico e superior público e de qualidade, o lugar por excelência de mudanças e transformações a ser investido em políticas públicas para a eliminação das desigualdades entre brancos e negros em nossa sociedade/cidades.

Historicamente e contemporaneamente, o acesso, desenvolvimento e permanência nos bancos escolares de brancos e negros na educação brasileira, refere-se às vantagens e benefícios que continuam orientados para os segmentos socioeconômicos médio e alto brancos.

Em recentes informações do Censo Demográfico de 2010, a respeito da situação da escolarização classificada por cor/raça nas cidades do Rio de Janeiro, Salvador e São Paulo, o total de pessoas que frequentavam o ensino regular médio, corresponde a 290.064, 131.998 e 630.773. Estas informações, classificadas por brancos e negros nas três capitais, segue a seguinte ordem: na capital carioca, os brancos são 137.241 estudantes, os negros são 150.763 estudantes; na capital soteropolitana são 19.855 estudantes brancos e 109.838 estudantes negros; na metrópole do trabalho urbano industrial e do capital globalizado, os brancos ocupam 364.100 lugares no ensino regular médio, quanto aos negros, eles são 255.560 estudantes.

Em dados relativos, os estudantes do ensino regular médio na cidade do Rio de Janeiro, os brancos representam 47% e os negros 51%. Na cidade de Salvador, onde há o maior contingente de negros (em dados absolutos), eles estão sobrerrepresentados no ensino médio, são 83%, quanto aos estudantes brancos, eles participam com 15%. Em São Paulo, os brancos representam 57% dos alunos que frequentam o ensino regular médio, os negros representam 40% de estudantes do ensino médio. Nas três capitais, a presença de estudantes negros no total da população que frequenta o ensino regular médio é superior ao universo total da população nos contextos locais.

Tabela 5 - Pessoas que frequentavam a escola, por situação de domicílio, segundo cor/raça

Ensino Regular Médio				Pública			Particular		
Cidade	Total	Branca	Negra	Públ.	Branca	.Negra	Part.	Branca	Negra

RJ	290.064	137.241	150.763	209.859	83.241	125.006	80.205	54.000	25.577
SAL	131.998	19.855	109.838	107.797	11.903	94.956	24.201	7.952	15.694
SP	630.773	364.100	255.560	526.429	280.154	240.147	104.344	83.947	15.414

Fonte: Censo Demográfico do IBGE, 2000.
Organização dos Dados: Reinaldo José de Oliveira.

Outro delineamento da participação de estudantes brancos e negros na educação brasileira é a classificação entre pública e privada. O valor total nas cidades do Rio de Janeiro, Salvador e São Paulo, correspondem a 209.859, 107.797 e 526.429 estudantes no ensino regular médio em instituições públicas. No ensino público, os brancos são 83.241 no Rio de Janeiro, 107.797 em Salvador e 280.154 em São Paulo. Os estudantes negros participam na rede de ensino público com 125.006, 94.956 e 240.147 lugares. Na rede privada, a referência de estudantes corresponde a 80.245, 24.201 e 104.344 lugares. Entre brancos e negros, os primeiros são 54.000, 7.952 e 83.947, os negros ocupam exatamente 25.577, 15.694 e 15.414 lugares na rede de ensino médio privado.

No universo total de estudantes no ensino médio, conforme dados da tabela 5, constatei que o aluno negro, em números relativos, é superior a média da população negra nas três metrópoles. Após o recorte entre público e privado, o quadro acima não se repete, os estudantes negros estão sobrerrepresentados no ensino público. Na escola pública das cidades consideradas, os estudantes brancos são respectivamente 39,66%, 11% e 53,21%. Observamos que é em Salvador que se encontra o menor percentual de estudantes brancos, no Rio de Janeiro e São Paulo o alunado branco se encontra abaixo da média de população branca municipal. Nas três metrópoles, o alunado negro ocupa os seguintes percentuais: 59%, 88% e 45% na rede pública de ensino.

As mudanças são mais visíveis na leitura do ensino privado entre brancos e negros. Nas capitais carioca, soteropolitana e paulistana, os brancos estão proporcionalmente representados com 67%, 31% e 80,45%, todos com um universo de alunos brancos superior ao percentual total de população municipal. O contexto do alunado negro na rede particular de ensino tem a seguinte distribuição, 31%, 64% e 14% de lugares ocupados. As posições e lugares tendem a mudar, no ensino público os alunos negros estão mais representados e o inverso ocorre na rede privada, os alunos brancos estão proporcionalmente representados.

Estas informações sobre a rede regular de ensino médio ainda necessita de melhor delineamento, por exemplo, a distribuição das escolas públicas e privadas nas cartografias das três cidades observadas. Tenho duas hipóteses, a primeira, é que as escolas públicas estão sobrrepresentadas em regiões e bairros localizados nas periferias e lugares onde a população negra e pobre detém maior representação, a segunda, as escolas de ensino regular médio privadas e públicas de qualidade estão nos mesmos lugares e regiões onde há maior participação de população branca.

A segregação escolar corresponde ao nível de ensino que é oferecido aos estudantes, sobretudo o alunado negro (ROSEMBERG, 1991). Neste caso, são os estudantes negros e pobres que recebem educação de pior qualidade. Os estudantes brancos, além de estarem nas melhores escolas (públicas e privadas), também contam com o ambiente construído e todo o capital escolar e cultural (familiar e do entorno onde estudam e residem), geralmente, as escolas do alunado branco está situada em áreas brancas e ricas e com ótima qualidade em serviços de cultura, lazer e entretenimento, aspectos que também contribuem para o desenvolvimento escolar e socioeconômico dos jovens em geral. Para os jovens negros, o estudo é realizado em escolas com menor potencial em capital escolar e cultural, normalmente, em escolas das periferias, onde o potencial dos professores ainda precisa receber mais formação e desenvolvimento, durante o ano letivo a carga horária de aulas não é cumprida integralmente e há número elevado de falta dos docentes, eles - os alunos -, precisarão cumprir durante o dia o turno do mercado de trabalho e durante o turno da noite estudar para competir por um lugar no mercado de trabalho. A juventude negra terá que disputar no ensino superior e o mercado profissional um lugar ao sol, posteriormente, terão que empreender potencial cultural e escolar para alçarem as melhores vagas no mercado de trabalho.

Um elemento importante que não está contemplado nas informações quantitativas, corresponde ao racismo na educação brasileira. A instituição escola tem um tratamento omisso, ela não toma posição e nem para para refletir o seu papel diante do sofrimento do racismo vivido por alunos negros desde os primeiros anos da vida escolar (BERNARDO, 2003). As respostas dos alunos negros diante de praticas sistemáticas do racismo, promovida por colegas e professores em sala de aula, contidos em atividades, livros e materiais pedagógicos, são respondidos pelos jovens negros, ora com o uso da força física, a desistência do ano letivo e a busca de soluções que não sofrem nenhum tipo de intervenção e, ora, ele se cala e vive o sofrimento, acumulando prejuízos na vida escolar, psíquica, mental e identitária (OLIVEIRA, 2008b). A prática do racismo é violenta, ela dilacera os sentimentos subjetivos do alunado negro. O sofrimento do racismo e as desigualdades socioeconômicas resultam em segregação escolar dos estudantes negros, individualmente e coletivamente, estes atores sociais terão dificuldades redobradas durante os períodos da formação escolar que influenciará na vida profissional. Os reflexos das desigualdades educacionais e do racismo serão determinantes para definir os lugares da juventude negra no ensino superior e no mercado de trabalho.

Atualmente, o ambiente profissional requer capacitação, além da formação em uma área do ensino superior, os candidatos às vagas da sociedade atual, mediada pelo meio-técnico científico informacional (SANTOS, 1996), serão exigidos em conhecimento em ambiente tecnológico, como o uso e manuseio de computadores, softwares, acessar a internet, as redes sociais e lidar com a produção de imagens online, enfim, além da formação científica, técnica, tem as exigências informacionais, o desenvolvimento formal da língua culta que é uma exigência no ensino superior, a língua estrangeira, em especial a língua inglesa, referência base da comunicação do mundo globalizado.

Conforme a tabela 6, a respeito do número de alunos do ensino superior, por idade entre 20 e 24 anos, segundo cor/raça, nas metrópoles do Rio de Janeiro, Salvador e São Paulo, a participação de jovens no ensino superior refere-se a 103.951, 44.504 e 186.389 estudantes universitários.

A representação de universitários brancos nas três capitais é preenchida com 72.431, 14.537 e 139.802 lugares no ensino superior. A composição de universitários negros é de 30.630, 29.228 e 39.722 lugares nos bancos escolares. Em números relativos, brancos e negros se apresentam com uma nova formatação que difere de forma contraditória e antagônica o quadro anterior (ensino regular médio). Os universitários brancos estão proporcionalmente representados com 69,67%, 32,66% e 75%. No universo dos estudantes negros do ensino superior, eles se constituem em 29,46%, 65,67% e 21,31%. No cômputo geral, a população de universitários brancos se apresenta de forma superior aos universitários negros em sua representatividade. Nas cidades do Rio de Janeiro, Salvador e São Paulo, os números relativos de pessoas com idade entre 20 e 24 anos, de cor/raça negra estão desproporcionalmente representados, estão abaixo da referência de população negra municipal.

Tabela 6 - Pessoas que frequentavam o ensino superior, por idade entre 20 e 24 anos, segundo cor/raça.

				Pública			Particular		
Cidade	Total	Branca	Negra	Total	Branca	Negra	Total	Branca	Negra
RJ	103.951	72.431	30.630	33.658	23.614	9.867	70.293	48.817	20.781
SAL	44.504	14.537	29.228	13.353	3.760	9.446	31.152	10.777	19.782
SP	186.389	139.802	39.722	37.960	26.869	8.876	148.429	112.933	30.845

Fonte: Censo Demográfico do IBGE, 2010.
Organização dos Dados: Reinaldo José de Oliveira.

Para melhor delineamento do quadro educacional de brancos e negros no ensino superior, o quadro da tabela acima também apresenta informações classificadas por instituições pública e particular. No universo do ensino superior público, nas capitais do Rio de Janeiro, Salvador e São Paulo, o número total corresponde a 33.658, 13.353 e 26.869 estudantes. A composição de estudantes brancos em instituições públicas é de 23.614, 3.760 e 26.869. Os estudantes negros representam outra importante fatia no quadro de ensino superior público, 9.867, 9.446 e 8.876 lugares. Em dados relativos, os universitários brancos são 70,15% na capital carioca, 28,15% na capital soteropolitana e 70,97% na capital paulistana. Os jovens negros que frequentam o ensino superior publico são 29,31%, 70,74% e 23,38%.

No ensino superior particular, o total de jovens universitários corresponde a 70.293, 31.152 e 148.933. A representação de jovens brancos é de 48.817, 10.777 e 112.933 lugares no mercado educacional privado. No ensino particular, os jovens negros estão presentes com 20.781, 19.872 e 30.845 lugares. Entre os jovens brancos, eles são 69,44%, 34,59% e 76%, de outro lado, os negros estão respectivamente presentes com 29,56%, 63,50% e 27,35%.

Portanto, é o estudante branco que está sobrerrepresentado nos bancos escolares das universidades públicas nas três metrópoles do país. Quanto ao universitário negro, sua participação está aquém de sua representação no conjunto da população da cidade.

Segundo o Jornal Folha de São Paulo, do dia 05 de maio de 2013, em matéria intitulada "USP tem só 4 pretos nos dez cursos mais disputados", aponta que a participação de estudantes negros não corresponde aos dados relativos da população paulistana, ou seja, existe grande discrepância entre negros e brancos no universo acadêmico se comparado com a população do município. Segundo a matéria, no vestibular de 2012, o estudo indicava que o perfil dos calouros da USP, apresentava que a maioria estudou em escolas particulares. Dentre os dez cursos mais disputados no último vestibular, apenas 4 alunos se declararam pretos entre 774 matriculados (MARQUES, 2013).

Nas carreiras mais disputadas, medicina, engenharia civil e publicidade e propaganda, nenhum candidato se definiu como preto no questionário aplicado pela FUVEST. Segundo o estudo da USP, os matriculados negros estão em cursos de baixa concorrência, em áreas de ciências humanas, exatas e licenciaturas voltadas para formação de professores (MARQUES, 2013).

Os estudantes brancos do ensino médio, sobretudo das melhores instituições do setor privado, serão fortes candidatos às vagas nos cursos mais disputados das universidades públicas cariocas, soteropolitanas e paulistas, preferencialmente USP, UFBA e UFRJ. Aos estudantes negros do ensino regular médio de âmbito público e privado, eles sairão sempre por último na disputa por um lugar nas cadeiras das universidades. As desvantagens são significativas nas áreas de maior concorrência das universidades públicas do Rio de Janeiro, Salvador e São Paulo, como medicina, direito, engenharias, publicidade e propaganda. Os candidatos brancos, potencialmente irão apresentar melhores resultados em capital socioeconômico, político e cultural por um lugar no ensino superior público que lhes possibilitará no futuro, garantir as ocupações mais rentáveis economicamente.

A leitura dos quadros sobre rendimento, rede regular de ensino médio e superior de âmbito público e privado entre brancos e negros, centrada em uma análise sobre a segregação racial por rendimento e ocupação, analiso que ela é definida nos bancos escolares. Os estudantes negros das escolas, especialmente das instituições públicas, eles irão ocupar majoritariamente as vagas no mercado de trabalho braçal, de pouca complexidade intelectual e das mais baixas remunerações. No momento atual, os estudantes brancos, principalmente das escolas particulares, ocupam e continuarão a reservar suas vagas nas principais universidades públicas e particulares e, em consequência, os espaços e lugares no mercado de trabalho de status e alta remuneração permanecerão em poder dos estudantes e profissionais brancos.

Após a conclusão do ensino superior, um segmento dos graduados brancos e negros buscarão se qualificar se especializando em determinada área do conhecimento. É por intermédio da pós-graduação que os mestres, mestrandos, doutorandos e doutores brancos e negros irão definir seus lugares em áreas científicas, educacionais, comerciais, financeiras, culturais e políticas.

Segundo dados da tabela 7, a pós-graduação brasileira comporta um número significativo de estudantes/pesquisadores presentes nos programas de mestrado e doutorado das universidades brasileiras. Rio de Janeiro, Salvador e São Paulo contam com 13.389, 3.930 e 23.816 pessoas que frequentam e/ou já concluíram o mestrado. A composição de estudantes brancos refere-se a 10.065, 1.600 e 19.709 estudantes mestres e mestrandos. Dentre os negros, constituem-se em 3.287, 2.268 e 3.409 lugares que representam a primeira etapa da pós-graduação nacional. A participação relativa das pessoas brancas nesta área de conhecimento distribui-se em 75,17% na cidade do Rio de Janeiro, 40,71% em Salvador e 82,75% na cidade de São Paulo. Entre os estudantes/pesquisadores negros, a tímida participação refere-se a 24,5%, 57% e 14,31% de lugares nos cursos de mestrado das três maiores metrópoles do país. No nível posterior ao mestrado, a participação de doutores e doutorandos na cena pública das cidades brasileiras é mais emblemática, conforme o desenvolvimento socioeconômico e cultural das unidades federadas e das capitais, eles são 7.297 na capital carioca, 1.456 na capital soteropolitana e 11.483 na capital paulistana. Nas três urbes observadas, os pesquisadores brancos correspondem a 5.951, 604 e 9.567 representações nos diferentes cursos de doutorado (público e privado). As pessoas negras que concluíram ou estão em vias de conclusão participam com 1.311, 852 e 1.556 lugares nos bancos da academia nacional.

Tabela 7 - Pessoas que frequentavam a Pós-Graduação, segundo cor/raça.

	Mestrado			Doutorado		
Cidade	Total	Branca	Negra	Total	Branca	Negra
RJ	13.389	10.065	3.287	7.297	5.951	1.311
SAL	3.930	1.600	2.268	1.456	604	852
SP	23.816	19.709	3.409	11.483	9.567	1.556

Fonte: Censo Demográfico do IBGE, 2010.
Organização dos Dados: Reinaldo José de Oliveira.

Os programas de mestrado e doutorado nas cidades do Rio de Janeiro, Salvador e São Paulo reservam posições importantes de credibilidade, respeito e produção em ciência, pesquisa e extensão no cenário da academia nacional. Nas três metrópoles, os doutores e doutorandos brancos correspondem a 81,55%, 41,48% e 83,31%. No conjunto dos doutorandos e doutores negros, eles respondem por 17,96%, 58,51% e 13,55% dos lugares nas respectivas cidades.

A produção de conhecimento (ensino superior e pós-graduação) no território brasileiro não possui um parâmetro de representação, segundo a classificação de cor/raça. A representação está pautada na condição socioeconômica e na meritocracia, significa que são os brancos que ocupam os lugares nos principais centros de produção de conhecimento das universidades brasileiras. Portanto, a realidade no ensino superior e nos programas de mestrado e doutorado é a sobrerrepresentação de estudantes e pesquisadores brancos na produção de conhecimento no país.

As desigualdades educacionais e a segregação escolar das pessoas negras, acontecem desde os primeiros anos no ensino fundamental. Conforme os dados apresentados é na fase de conclusão do ensino regular médio que as posições começam a tomar forma. No ensino médio a representação de estudantes negros é semelhante e/ou superior ao quadro de população do município. Posterior ao ensino regular médio, os estudantes negros adentram o mercado de trabalho em desvantagem de conhecimento, formação e escolaridade, somente uma pequena parcela se vê apta a disputar as melhores vagas nas universidades públicas e particulares do país.

O poder socioeconômico, a produção de conhecimento científico e tecnológico são, em maior proporção sobrerrepresentados por estudantes, pesquisadores, docentes e profissionais brancos. O mito da igualdade social e racial não permite que o acesso à educação de qualidade seja de direito para todos, ricos e pobres, brancos e negros. Sobretudo os negros, que se encontram subrrepresentados no ensino superior e nos programas de mestrado e doutorado brasileiro.

Considerações Finais

"O Sol nasceu pra todos, a sombra apenas para os brancos" é um retrato da realidade brasileira sob os efeitos do mito da democracia racial no país. Os homens e mulheres negras em nossa sociedade estão em posições e lugares sempre em desvantagens materiais e não-materiais.

Conforme as observações realizadas, a análise das informações quantitativas e qualitativas, a respeito da habitação subnormal, rendimento e a escolaridade (do ensino médio, ensino superior e a pós-graduação) classificada por brancos e negros, confirma que as oportunidades em nossa sociedade – e nas principais cidades do país – são majoritariamente orientadas para a população branca. As oportunidades materiais e não-materiais beneficiam, há 126 anos a população branca das classes alta, média e de baixa renda. As classes sociais brancas são beneficiadas em valores materiais e simbólicos, esta segunda característica possibilita aos brancos pobres vantagens em espaços sociais onde tenham que disputar posições com os negros, ou seja, se o pobre negro obtiver formação escolar igual ou superior ao branco pobre, mesmo assim será o branco selecionado para uma vaga de emprego, por exemplo.

As reflexões realizadas fundamentam que em nossa sociedade, principalmente nas cidades do Rio de Janeiro, Salvador e São Paulo, a população negra convive o cotidiano tendo que superar as práticas de racismo e da segregação. Homens e mulheres negras enfrentam no cotidiano social as inúmeras barreiras: diante do mercado de trabalho, amargam a condição do racismo que impendem a mobilidade socioeconômica, independente da condição de qualificação para ocupar as funções mais disputadas; os salários são os menores, mesmo ocupando as mesmas funções que os brancos e, no caso das mulheres negras, elas estão situadas na base da estrutura socioeconômica com os menores rendimentos; os estudantes negros, além da segregação residencial, convivem em meio à segregação escolar, que resulta em desvantagens educacionais, quanto a permanência, desenvolvimento e acesso às melhores posições no meio acadêmico e no futuro do mercado de trabalho; no contexto do espaço urbano, são os homens e mulheres negras que estão sobrerrepresentados nas habitações subnormais das favelas, palafitas, cortiços, porões, mocambos e loteamentos irregulares (OLIVEIRA, 2013).

O quadro das desigualdades urbanas em intersecção às desigualdades raciais configura-se em segregação racial nos cenários da habitação, educação e renda/ocupação (OLIVEIRA, 2013).

No cenário das desigualdades sociais, raciais e de gênero é a mulher negra que ocupa a última posição na estrutura socioeconômica, primeiro vem o homem branco, a mulher branca, o homem negro e, por último, a mulher negra. Este quadro, das desigualdades urbanas vinculadas às desigualdades raciais e de gênero, não é resolvido apenas com investimento para combater a pobreza, embora precise investir, mas é essencial que as políticas sejam focalizadas, que retrate as mulheres, jovens e negros que se encontram privados da condição de ter direitos.

Nas sociedades/cidades onde a experiência da urbanização, industrialização e do capital globalizado mais se desenvolveram, como é o caso das três capitais aqui observadas, a população negra é direta e indiretamente responsável pela produção do espaço urbano, pelo desenvolvimento da riqueza e do progresso, dos bens materiais e não-materiais, mas ela não usufrui de tudo que protagonizou para construir e fincar no chão das cidades os seus direitos. Ela não usufrui e não se beneficia, porque as oportunidades criadas - no passado e no presente - tendem a ser sobrerrepresentadas para a população branca de todos os segmentos socioeconômicos.

Rio de Janeiro, Salvador e São Paulo detém os maiores PIB´s entre as capitais do país, no entanto, a riqueza, o progresso, a beleza e as maravilhas produzidas no espaço social não são de direito de todos que vivem e inscrevem a história da cidade. São os homens e mulheres brancas que estão sobrerrepresentados nos melhores ambientes sociais que as cidades oferecem no Brasil.

No dia a dia, o calor do sol está à disposição de todos, no entanto, a sombra que serve para descanso, repor as energias, prazer, aproveitamento do ambiente social e todas as realizações materiais, não materiais e subjetivas para viver dignamente, não são de acesso para todos nas cidades brasileiras. São os homens e mulheres brancas que obtém as melhores oportunidades em todos os ambientes que a cidade produz e reproduz.

Referências

AMARAL, Raul Joviano do. *Os Pretos do Rosário de São Paulo.* São Paulo: João Scortecci Editora, 1991.

BERNARDO, Teresinha. *Memória em Branco e Negro: olhares sobre São Paulo.* São Paulo: EDUC e Editora da Unesp, 1998.

BRANDÃO, André Augusto. *Miséria da periferia: desigualdades raciais e pobreza na metrópole do Rio de Janeiro.* Rio de Janeiro: Pallas Editora, 2004.

BUARQUE, Cristovam. *O que é apartação: apartheid social no Brasil.* São Paulo, Brasiliense, 1993.

CAMPOS, Andrelino. *Do quilombo à favela: a produção social do espaço criminalizado no Rio de Janeiro.* Rio de Janeiro: Bertrand Brasil, 2007.

CARRIL, Lourdes. *Quilombo, favela e periferia: a longa busca da cidadania.* São Paulo: Annablume, Fapesp, 2006.

CASTELLS, Manuel. *A Questão Urbana.* São Paulo: Paz e Terra, 1983.

CHALHOUB, Sidney. *Cidade Febril: cortiços e epidemias na corte imperial.* Rio de Janeiro, São Paulo, 1996.

CHALHOUB, Sidney. *Trabalho, lar e botequim.* São Paulo: Editora Unicamp, 2001.

CORREA, Roberto Lobato. *O espaço urbano.* São Paulo: Ática, 1995.

FLORESTAN, Fernandes & BASTIDE, Roger. *Brancos e Negros em São Paulo.* São Paulo: Brasiliense, 1971.

FLORESTAN, Fernandes. *A integração do negro na sociedade de classes.* Tese de cátedra em Sociologia. São Paulo, FFLCH-USP, 1965.

FLORESTAN. Fernandes. *Significado do protesto negro.* São Paulo: Cortez, 1989.

GARCIA, Antonia dos Santos. *Desigualdades raciais e segregação urbana em antigas capitais: Salvador, cidade D'Oxum e Rio de Janeiro, cidade de Ogum.* Rio de Janeiro: Garamond, 2009.

GONZALES, Lélia & HASENBALG, Carlos. *Lugar de negro.* Rio de Janeiro: Marco Zero, 1982.

GUIMARÃES, Antonio Sérgio Alfredo. *Racismo e anti-racismo no Brasil.* São Paulo: Editora 34, 1999.

LAGO, Luciana Corrêa do. *Desigualdades e segregação na metrópole: o Rio de Janeiro em tempo de crise.* Rio de Janeiro: Revan, FASE, 2000.

LÉVI-STRAUSS, Claude. *Tristes Trópicos.* São Paulo: Companhia das Letras, 1996.

LOJKINE, Jean. *O Estado Capitalista e a questão urbana.* São Paulo: Martins Fontes, 1997.

LOPES, Fernanda. "Experiências desiguais ao nascer, viver, adoecer e morrer: tópicos em saúde da população negra no Brasil". In: *Saúde da População Negra no Brasil: Contribuições para a promoção da equida-*

de. Brasília: Funasa, 2005.

MARICATO, Ermínia. *Metrópole na periferia do capitalismo*. São Paulo: Hucitec, 1996.

MARQUES, JAIRO. "USP só tem 4 pretos nos dez cursos mais disputados". In: *Jornal Folha de São Paulo*, Caderno Cotidiano, 04 de maio de 2013.

NASCIMENTO, Abdias do & SEMOG, Ele. *Abdias Nascimento: o Griot e as Muralhas*. Rio de Janeiro: Pallas, 2006.

NASCIMENTO, Abdias do. *O genocídio do negro brasileiro: processo de um racismo mascarado*. Rio de Janeiro: Paz e Terra, 1978.

NERY Junior, José Marinho. "O zoneamento como instrumento de segregação em São Paulo". *Cadernos Metrópole*, São Paulo, número 13, 2005.

OLIVEIRA, Reinaldo José de. *A presença do negro na cidade: memória e territorialidade negra na Casa Verde em São Paulo*. Dissertação de mestrado em Ciências Sociais. São Paulo, PUC SP, 2002.

OLIVEIRA, Reinaldo José de. *Segregação Urbana e racial na cidade de São Paulo: as periferias de Brasilândia, Cidade Tiradentes e Jardim Ângela*. Tese de Doutorado em Ciências Sociais. São Paulo, PUC SP, 2008.

OLIVEIRA(b), Regina Marques de Souza. *Identidades de jovens negros nas periferias das metrópoles: recortes entre São Paulo e Paris*. Tese de doutorado em Psicologia Social, PUC SP, 2008.

OLIVEIRA, Reinaldo José de. Interfaces entre as desigualdades urbanas e as desigualdades raciais no Brasil: observações sobre o Rio de Janeiro e São Paulo. In: *A Cidade e o Negro no Brasil: Cidadania e Território*. OLIVEIRA, Reinaldo José de (organizador). São Paulo: Editora Alameda, 2013.

PACHECO, Regina Silvia & LEME, Maria Cristina da Silva. "A questão fundiária, imobiliária e os serviços urbanos: conceitos e referências teóricas em teses e dissertações recentes". In: *Espaço e Debates – Revista de Estudos Regionais e Urbanos*, São Paulo, número 28, 1989.

PINTO, Luiz A.Costa. *O Negro no Rio de Janeiro: relações de raça numa sociedade em mudança*. Rio de Janeiro: Editora da UFRJ, 1998.

RIBEIRO, Luiz César de Queiroz. *Dos cortiços aos condomínios fechados: as formas de produção da moradia na cidade do Rio de Janeiro*. Rio de Janeiro: Civilização Brasileira, 1997.

ROLNIK, Raquel. "Territórios negros nas cidades brasileiras (etnicidade e cidadania em São Paulo e Rio de Janeiro)". *Revista de Estudos Afro-asiáticos*, Rio de Janeiro, Cadernos Cândido Mendes, número 17, setembro de 1989.

ROLNIK, Raquel. *A Cidade e a lei: legislação, política urbana e território na cidade de São Paulo*. São Paulo: Fapesp, Studio Nobel, 1997.

ROSEMBERG, Fúlvia & PAHIM, Regina. Segregação Espacial na escola paulista. In: PEGGY, A.L. (org.). *Desigualdade racial no Brasil Contemporâneo*, Belo Horizonte: UFMG/CEDEPLAR, 1991.

SILVA, Maria Nilza da. *Nem para todos é a cidade: segregação urbana e racial em São Paulo*. Brasília: Fundação Cultural Palmares, 2006.

LOPES, Fernanda. "Experiências desiguais ao nascer, viver, adoecer e morrer: tópicos em saúde da população negra no Brasil". In: *Saúde da População Negra no Brasil: Contribuições para a promoção da equidade*. Brasília: Funasa, 2005.

VARGAS, João H.Costa. "Apartheid brasileiro: raça e segregação residencial no Rio de Janeiro". *Revista de Antropologia*, São Paulo, USP, 2005.

VÉRAS, Maura Pardini Bicudo. *Trocando Olhares: uma introdução à construção sociológica da cidade*. São Paulo: EDUC, Studio Nobel, 2000.

VILLAÇA, Flávio. *O que todo cidadão precisa saber sobre habitação*. São Paulo: Global, 1986.

ACESSO E PERMANÊNCIA DE ESTUDANTES QUILOMBOLAS NO ENSINO SUPERIOR

Benedito G. Eugenio[1]
Vívian Ingridy de Carvalho Lima[2]

Introdução

Este artigo propõe discutir quais os impactos das políticas institucionais para a garantia do acesso e da permanência de estudantes quilombolas na UFBA, em Vitória da Conquista. A partir de entrevistas semiestruturadas com cinco estudantes da instituição, foram investigadas quais as estratégias formais e informais, materiais e simbólicas que estes estudantes utilizam/utilizaram para entrar e permanecer na universidade. Com base nesses relatos propomos, também, refletir sobre as ações afirmativas existentes na instituição e em que medida essas ações podem afetar a trajetória acadêmica de tais estudantes. Entendemos por permanência o período em o que o estudante desenvolve suas ativida-

1 Prof. Adjunto da Universidade Estadual do Sudoeste da Bahia. Doutor em Educação (UNICAMP). Docente da graduação e do Programa de Pós-graduação em Educação da UESB.

2 Graduada em Pedagogia (UESB). Especialista em Educação e Diversidade Étnico-Cultural pela Universidade Estadual do Sudoeste da Bahia. Graduanda em Psicologia (UFBA). Professora na Rede Municipal de Educação de Poções-Ba.

des acadêmicas, bem como os processos que ele utiliza para traçar sua trajetória na universidade.

Os estudos sobre ações afirmativas realizados até o momento discutem e analisam a realidade da Universidade Federal da Bahia - UFBA apenas na perspectiva de análises realizadas no campus de Salvador (REIS, 2007, 2009; QUEIROZ, 2004). Alguns desses estudos, inclusive tendo como foco os impactos da política de implantação do sistema de cotas, investigam também quais as estratégias que a instituição utiliza para garantir o acesso e a permanência dos estudantes. Mas em que medida as políticas institucionais propostas no campus da capital do Estado refletem significativamente no acesso e permanência dos estudantes da UFBA em Vitória da Conquista?

Ao longo dos onze anos de implementação da política de cotas raciais e sociais nas universidades públicas no país é fato que esta ação afirmativa garantiu um número significativo de ingresso de estudantes no ensino superior, entretanto, tal política não garante sozinha a permanência dos estudantes no ensino superior sem um consistente programa de permanência.

Levando em consideração que a permanência do estudante na universidade deve estar atrelada a sua trajetória com qualidade, este texto apresenta resultados de pesquisa em andamento sobre ações afirmativas no ensino superior no Estado da Bahia.

Este estudo não desconsidera os problemas estruturais que produzem as desigualdades escolares, sendo assim, a partir das entrevistas buscou-se também conhecer a trajetória escolar desses estudantes, pois um dos maiores problemas que estes enfrentam consiste na qualidade do ensino público, do qual dependem para prosseguir sua escolaridade.

Implantado recentemente em Vitória da Conquista no ano de 2005, o Instituto Multidisciplinar em Saúde (IMS) da Universidade Federal da Bahia (UFBA) atende a uma demanda social de jovens que vem de diferentes municípios do estado e do país e, pensando a universidade para além do acesso a partir do sistema de cotas, é um desafio ao IMS a adoção de políticas afirmativas que garantam a permanência de estudantes, principalmente os estudantes em vulnerabilidade socioeconômica, pois a política de cotas garante em parte apenas o acesso a esses estudantes ao ensino superior.

Buscando respostas para identificar quais as estratégias que os estudantes quilombolas utilizam para traçar sua trajetória e permanência na universidade, foi efetuada uma pesquisa qualitativa a partir da realização de entrevista com cinco estudantes da UFBA que se autodeclararam quilombolas, pertencentes a cinco dos seis cursos da instituição. Para melhor compreensão das estratégias de permanência (material e simbólica, formal e informal) que as discentes utilizaram/utilizam ao longo de sua trajetória acadêmica, foram selecionados apenas estudantes que estão cursando a partir do terceiro semestre, uma vez que estes possuem maior vivência universitária e conhecem um pouco mais sobre a estrutura, funcionamento, programas e projetos da instituição. Para complementar as informações dadas pelos estudantes, contamos também com entrevistas com alguns técnicos e gestores da instituição.

As entrevistas ocorreram no período de março a maio de 2012. Houve uma dificuldade bastante considerável em saber quem era estudante quilombola, pois quando se perguntava para alguns estudantes, estes desconheciam a existência de estudante quilombola em sua própria turma.

É importante destacar que todos os estudantes entrevistados mostraram interesse em participar da pesquisa, pois para alguns foi uma questão de desabafo estar falando da sua vivência universitária. Outro ponto bastante relevante é que todos os entrevistados são do sexo feminino. Tivemos dificuldades em localizar estudantes quilombolas do sexo masculino na instituição.

As entrevistas ocorreram na UFBA, com exceção de uma que aconteceu no local de trabalho da estudante.

Caracterização das entrevistadas

Participaram da pesquisa cinco estudantes dos cursos de Psicologia, Biotecnologia, Enfermagem e Farmácia, com idade entre 19 a 30 anos de idade e membros das comunidades de Barrocas, Lagoa dos Patos (Distrito de José Gonçalves) e Baixão, situadas em Vitória da Conquista; da comunidade de Lajinha, município de Piripá e da comunidade de Pastinho, Tanhaçu.

É interessante notar que todas estudaram parte da educação básica em suas comunidades, sendo que para alguns, o Ensino Médio aconteceu na sede do município da comunidade. E conforme relatado, passaram por um processo de escolarização precário e que pouco contribuiu para o ingresso e a permanência na universidade. Daí a importância do cursinho pré-vestibular para esses estudantes, pois todas utilizaram dessa estratégia para garantir de alguma forma a aprendizagem de conteúdos que não foram vistos ou bem compreendidos durante o Ensino Médio, bem como a possibilidade do acesso à universidade.

É importante destacar também que eles tentaram outros vestibulares anteriormente ou concomitante ao vestibular da UFBA, entretanto, preferiram cursar o ensino superior na UFBA, porque segundo os relatos, é considerada uma instituição bastante reconhecida em relação às outras instituições. O ensino superior para estes estudantes, além de lhes possibilitar novas perspectivas de vida, é uma maneira de poder ajudar a sua comunidade de origem, isto é, comunidades rurais formadas por pequenos agricultores com baixa escolaridade, que dependem da agricultura familiar, da aposentadoria, de atividades de baixa remuneração e do auxílio dos programas do governo federal.

Após a entrada na universidade, algumas dessas estudantes passaram a morar em Vitória da Conquista, enquanto outros permaneceram em suas comunidades cunhando uma rotina diária de idas e vindas a este município. Outro ponto relevante é que alguns conciliam os estudos com o trabalho, uma estratégia para ajudar nas despesas. Além disso, algumas contam com bolsas do programa de extensão da UFBA e com a ajuda de familiares.

Neste estudo o termo raça é utilizado numa perspectiva nominalista desvinculada de justificativas biológicas e naturalistas. Entende-se pelo termo raça como uma construção social e como tal, envolve múltiplas interpretações e está relacionado com uma desigualdade social e cultural entre os indivíduos, excluindo assim, as caracterizações morais e intelectuais que por ventura o termo pode remeter (SILVA; BRANDÃO; MARTINS, 2009, GUIMARÃES, 1999; QUEIROZ, 2004). Tais desigualdades revelam a existência e as dimensões do racismo em nossa sociedade. É inegável também que raça está ligada as características físicas dos indivíduos, tais como cor da pele, cabelo e diversos estereótipos. Estas características também são atributos utilizados para a inclusão ou exclusão desses sujeitos em diferentes práticas sociais.

De acordo com Gomes (2005), as pesquisas oficiais no país têm demonstrado que os índices de vida, emprego, saúde, escolaridade e outros índices de desenvolvimento humano comprovam o abismo racial entre brancos e negros. "Essa desigualdade é fruto da estrutura racista, somada a exclusão social e a desigualdade socioeconômica que atingem toda a população brasileira e, de um modo particular, o povo negro" (p. 47).

As condições de existência precárias do negro no Brasil são explicadas pelo racismo, que mesmo visível, ainda há uma recusa em admitir a raça como um mecanismo gerador de desigualdades sociais (QUEIROZ, 2004).

Entretanto, apesar da luta por visibilidade e reconhecimento cultural e histórico dos negros e afrodescendentes em nosso país, ainda presenciamos um falso e enviesado discurso em torno das questões raciais na sociedade brasileira, permeado pela ideia de uma democracia racial (SANTOS, 1992; SILVA, 2007).

A conscientização das diferentes esferas e lideranças políticas no país está na necessidade de se eliminar tais desigualdades e da conscientização sobre a discriminação racial que marginaliza social e economicamente as minorias (GOMES, 2005).

No sistema de ensino, esse silenciamento em torno dos processos de discriminação racial é um dos principais elementos de reprodução das desigualdades entre negros e brancos em nosso país, pois ao longo da história educacional no Brasil, o acesso aos bancos escolares, assim como as práticas pedagógicas/curriculares privilegiaram os brancos e colocaram os negros em evidente desvantagem em relação aos demais grupos étnicos/raciais.[3] Silva (2007) salienta que como aconteceu com os povos indígenas, aos africanos e seus descendentes foram negados a possibilidade de aprender a ler. Quando a prática da leitura foi possível, era destinada a "incutir-lhes representações negativas de si próprios e convencê-los de que deveriam ocupar lugares subalternos na

---

3 Para maiores informações, ver os livros: ROMÃO, Jeruse (Org.). *História da educação dos negros e outras histórias*. Brasília: UNESCO, 2005; GARCIA, Renísia C. *Identidade fragmentada: um estudo sobre a história do negro na educação brasileira*. Brasília: INEP, 2007.

sociedade. Ser negro era visto como enorme desvantagem" (p. 495).

De certa forma esta realidade não se modificou muito. Queiroz (2004, p. 50), ressalta que:

> A criança e o jovem negros são atingidos de maneiras diversas pelo caráter sutilmente racista do sistema de ensino brasileiro. O racismo se expressa, por exemplo, no acesso diferenciado dos segmentos raciais: estão entre os negros as maiores proporções de pessoas não alfabetizadas; a participação dos negros no sistema educacional vai diminuindo à medida que aumentam os anos de escolaridade.

Outro ponto bastante relevante é que no Brasil há uma tendência em banalizar as desigualdades raciais e as tensões provocadas pelas relações entre brancos e negros, desencadeadas pelo mito da democracia racial. Embora, ainda que de forma incipiente, existem iniciativas que sensibilizam a sociedade brasileira sobre essas questões, fruto das reivindicações de movimentos sociais negros em prol do reconhecimento da população negra ao acesso a bens materiais e simbólicos que a esta historicamente sempre foi renegada, assim como políticas públicas sociais específicas.

Nesse sentido, a adoção de ações afirmativas, em especial as cotas raciais, representou um avanço significativo em relação a políticas que visam o combate à discriminação e ao preconceito racial. Significa também, o reconhecimento do Estado brasileiro de que a discriminação social e racial existe em nosso país e que são necessárias políticas que favoreçam a valorização da população negra e a sua inserção e representação social, sobretudo, essas ações representem aos diferentes sujeitos um mecanismo de mobilidade social.

Ações Afirmativas/Cotas Raciais: uma breve discussão

As discussões sobre as ações afirmativas no Brasil são bastante recentes, principalmente a política de cotas raciais nas universidades públicas, instituída pelo governo Lula e em decorrência do longo processo de luta por reconhecimento racial do movimento negro em nosso país.

As primeiras iniciativas no Brasil de instituições de ensino superior para implantação do sistema de cotas começam em 2001, na Universidade do Estado do Rio de Janeiro - UERJ - e na Universidade Estadual do Norte Fluminense - UENF, que respectivamente adotaram as cotas raciais para negros e indígenas (IPEA, 2008).

Tais iniciativas acenderam as discussões e debates da agenda nacional sobre as ações afirmativas na educação superior, em particular nas instituições de ensino públicas e privadas. A partir de então, a política de implantação de cotas nas universidades públicas se desenvolveu num processo progressivo da adesão de universidades públicas em todo o país. Tal iniciativa faz parte do programa de ações afirmativas proposto pelo Governo Federal e também, é resultado das incessantes lutas por reconhecimento de movimentos sociais, em especial, o Movimento Negro.

É válido salientar que o movimento sobre a adoção de ações afirmativas para negros no Brasil ganhou força no final dos anos oitenta e início dos anos noventa com o intuito de superar as desigualdades raciais em diversos aspectos da vida nacional. Esse movimento impactou e influenciou a construção das políticas de ações afirmativas que, entre outros fins, objetiva "contribuir para a instituição de uma sociedade multicultural, em que se reconheça a identidade, a cultura e os valores de brancos, negros, índios e outros grupos étnicos, sem qualquer espécie de hierarquização" (VIEIRA JR, 2005, p. 93).

As políticas públicas de ações afirmativas, em especial as iniciativas de promover o acesso e a participação da população negra no ensino superior como a política de cotas raciais, objetivam combater as desigualdades sociais e raciais, uma vez que o acesso de negros e pardos no ensino superior pode representar uma ascensão social e possibilitar a esses sujeitos ocupar espaços historicamente privilegiados aos brancos.

É importante esclarecer que as ações afirmativas envolvem esforços tanto do governo federal em instituições de ensino públicas e privadas e em diferentes espaços para "eliminar a discriminações contra mulheres e minorias étnicas combatendo os efeitos das discriminações passadas com vistas a (re)estabelecer o equilíbrio social" (KRAVITZ, 1997 *apud* SILVÉRIO, 2005, p. 144).

Nesse sentido, as ações afirmativas são um instrumento de inclusão, isto é, são estratégias promocionais capazes de estimular a inserção e a inclusão de grupos socialmente vulneráveis nos espaços sociais. Essas medidas especiais e temporárias cumprem uma finalidade pública decisiva que é assegurar a diversidade e a pluralidade social, a partir de respeito à diferença e a diversidade (PIOVESAN, 2005).

De acordo com o Relatório Anual das Desigualdades Raciais no Brasil, 2009-2010, o crescimento de estudantes negros e pardos no ensino superior ao longo da segunda metade da década de 1990 e primeira da de 2000 pode ser em parte em decorrência da:

> progressiva adoção, por parte das universidades públicas, das políticas de ação afirmativa no ingresso discente, bem como pelos crescentes incentivos, dados pelo Governo Federal, à promoção do acesso dos estudantes ao ensino superior, via instituições particulares, através do Programa Universidade para Todos (ProUni) e o Programa de Financiamento Estudantil (Fies) (p. 231).

Entretanto, como afirma este relatório, levando em comparação as taxas de escolaridade de brancos e pretos e pardos do ano de 2008 com as de 2006, houve um aumento de 1% para jovens brancos no ensino superior e de 1,4 % para jovens negros. "Mais uma vez, o fato é que, diante das lacunas que vieram se acumulando ao longo das gerações, tal incremento somente pode ser visto como sumamente insuficiente" (p. 231).

Vale aqui destacar que as ações afirmativas são um instrumento temporário que possibilitam em parte, o acesso de estudantes ao ensino superior. Entretanto, tal iniciativa não garante por si só a permanência com sucesso desses estudantes. Assim, é importante que as instituições de ensino disponham de meios que permitam maior participação e inserção de negros e pardos em atividades diversas tanto no âmbito acadêmico quanto em atividades extracurriculares.

Em relação à temporalidade e ao objetivo das ações afirmativas no Brasil, alguns autores (JACCOUD &THEODORO, 2005; SILVA JR., 2000) sugerem mais uma alternativa que vai além do proposto. São ações que se caracterizam pelo combate ao preconceito racial. Essas ações são denominadas de ações valorizativas.

> As ações valorizativas não devem ter uma temporalidade específica e não tratam de dispensar um tratamento diferenciado a um ou outro grupo. Ao contrário, elas buscam combater o tratamento diferenciado e depreciativo que vem sendo dado, no caso brasileiro, ao negro, nas diversas esferas de construção e reprodução da imagem nacional (JACCOUD & THEODORO, 2005, p. 113).

Ainda de acordo com Jaccoud & Theodoro (2005), as ações afirmativas são políticas amplas que devem ser complementares às políticas universais, quando estas se mostram insuficientes para garantir a igualdade de oportunidades aos diferentes grupos étnicos. "Contudo, cabe ao Estado mais que promover o acesso: ele deve desenvolver políticas de combate à discriminação e ao racismo" (p. 114).

Aos que fazem oposição ao sistema de cotas, há diferentes argumentos, dentre eles está o argumento da meritocracia. Mas na atual conjuntura, como em um país tão desigual as oportunidades quer seja de trabalho, quer seja de educação podem ser igualitárias? Assim, aos que apoiam o discurso da meritocracia argumentam que as oportunidades são iguais para todos. Mas será que todos que estão concorrendo a uma vaga na universidade tiveram as mesmas oportunidades ao longo de suas trajetórias escolares? Conforme Telles (2003), o discurso da meritocracia é ideológico e pensar em condições igualitárias de oportunidade é utópico. "A admissão à universidade parece, então, ser muito mais uma 'testocracia' do que uma 'meritocracia'. A aprovação no vestibular, é na melhor das hipóteses, um teste de mérito muito questionável" (TELLES, 2003 *apud* DOMINGUES, 2005, p. 169).

As ações afirmativas da UFBA

A UFBA implantou o sistema de cotas em 2005. Foi uma das primeiras instituições do país a implementar no sistema de cotas raciais vagas para estudantes quilombolas (Resolução do CONSEPE n° 01/04).

Em relação ao sistema de cotas, as universidades públicas do país possuem diferentes formatos para a reserva de vagas. Na UFBA, as porcentagens de vagas reservadas, tanto na primeira como na segunda fase, seguem os seguintes critérios, conforme consta no Manual do Vestibular:

> Categoria A (36,55%): candidatos de escola pública que se declararam pretos ou pardos.
> Categoria B (6,45%): candidatos de escola pública de qualquer etnia ou cor.
> Categoria D (2%): candidatos de escola pública que se declararam índio-descendentes.
> Categoria E (55%): todos os candidatos, qualquer que seja a procedência escolar e a etnia ou cor.

Estudos realizados por Queiroz (2003) sobre a análise do desempenho no vestibular na UFBA em 2001 de estudantes negros e pardos oriundos de escola pública revelam o bom desempenho no vestibular em cursos de alto prestígio social, entretanto, estes foram classificados, mas não aprovados. É importante salientar que este estudo foi realizado no ano em que a UFBA não havia implantado o sistema de cotas. A falta de ações afirmativas implicou para estes estudantes a exclusão do ensino superior, reproduzindo assim, as desigualdades sociais e raciais em nosso país.

A política de implantação de cotas raciais e sociais na UFBA significou para os estudantes de bom desempenho no vestibular e outros tantos, que via o ensino superior como um espaço inacessível cujo acesso privilegia apenas os brancos, uma oportunidade concreta de ingresso na universidade e consequentemente o reconhecimento da participação social desses sujeitos.

Conforme dados do site da instituição, no ano de implantação da política afirmativa, o curso mais afetado por essa iniciativa foi o de Fonoaudiologia, com 43% de candidatos selecionados graças ao sistema de cotas. Se esse sistema não tivesse sido adotado, apenas um candidato teria sido selecionado.

Dentre as ações implantadas pela UFBA que visam a permanência do estudante estão as criadas pela Coordenadoria de Ações Afirmativas, Educação e Diversidade da Pró-Reitoria de Assistência Estudantil (PROAE) da UFBA, que oferece apoio socioeconômico e é responsável pelas políticas de ações afirmativas cujo objetivo é assegurar a permanência bem sucedida de estudantes em vulnerabilidade socioeconômica por entender que estes têm maior probabilidade de ter que adiar ou mesmo interromper sua trajetória acadêmica devido a condições desfavoráveis que interferem concretamente na sua presença no contexto universitário. Dentre essas ações está o Programa Permanecer que dispõe de cinquenta e cinco bolsas no valor de quatrocentos reais.

A instituição atualmente possui novecentos e sessenta estudantes cursando, sendo que aproximadamente a metade é atendida com bolsas. Com base no levantamento socioeconômico (2012) realizado semestralmente pela UFBA (Vitória da Conquista) trezentos e setenta e cinco estudantes estão em situação de vulnerabilidade socioeconômica. Entretanto, duzentos e sessenta e cinco estudantes possuem bolsas, dentre as quais está o auxílio moradia no valor de trezentos e cinquenta reais (111 bolsas); auxílio creche no valor de cento e cinquenta reais (cinco bolsas com apenas quatro solicitações); auxílio alimentação no valor de cento e cinquenta reais (cem bolsas) e auxílio transporte no valor de oitenta e quatro reais (cinquenta bolsas). Há ainda os auxílios financeiros para eventos, óculos e remédios.

Segundo entrevista com o diretor acadêmico da UFBA, com as iniciativas do PROAE tem-se verificado que a permanência dos estudantes beneficiados pelas bolsas é maior do que em relação aos estudantes vindos de escolas privadas, que por sua vez não são favorecidos com programas de assistência estudantil. Por outro lado, há uma baixa evasão de estudantes na UFBA, embora é maior em relação aos estudantes vindos de escolas privadas, isso porque são maiores as oportunidades de esses estudantes entrarem em outras instituições e em cursos de maior prestígio social do que os estudantes de escolas públicas. Daí a importância das cotas e do conjunto de ações afirmativas que possibilitam o ingresso e a permanência dos estudantes de escolas públicas no ensino superior.

Entretanto, levando em consideração que as ações do PROAE têm o objetivo de garantir a permanência dos estudantes em situação de vulnerabilidade socioeconômica e que essas ações atendem a aproximadamente a metade da população de estudantes, sendo que destes foram detectados apenas trezentos e setenta e cinco estudantes, mas que apenas duzentos e sessenta e cinco são atendidos pelo programa, isso comprova que o número de bolsas não corresponde com as expectativas e os objetivos propostos pelo programa e tampouco as necessidades dos estudantes.

Permanência na Universidade – estratégias material e simbólica

Entende-se por permanência as estratégias formais (institucionalizadas) ou informais que os estudantes utilizam individualmente ou em grupos para amenizar situações adversas e resignificar a sua vivência universitária.

Um conceito bastante relevante é o utilizado por Dayane Brito R. Santos em sua tese intitulada Para Além das Cotas (2009), em que a autora discorre sobre permanência a partir das ideias de Kant:

> De um modo geral, pode-se dizer que a permanência é pois, duração e transformação; é o ato de durar no tempo, mas sob um outro modo de existência. A permanência traz, portanto, uma concepção de tempo que é cronológica (horas, dias, semestres, anos) e outra que é a de um espaço simbólico que permite o diálogo, a troca de experiências e a transformação de todos e de cada um. (SANTOS, 2009, p. 68).

É importante destacar que a permanência está atrelada às estratégias material e simbólica. Nesse sentido, a *permanência simbólica* consiste no significado que o estudante dá a sua vivência universitária, isto é, o significado de estar cursando o nível superior e a partir daí, quais as perspectivas ou possibilidades que o ensino pode contribuir para formar/transformar a própria existência/sobrevivência na universidade e fora dela. Essa permanência está relacionada também ao processo de adaptação que os estudantes passam ao longo dos semestres.

A *permanência material* está ligada diretamente as estratégias formais e institucionalizadas como os programas de auxílio estudantil (transporte, moradia, alimentação) que beneficiam estudantes em situação de vulnerabilidade socioeconômica, pois de certa forma dão condições materiais para o estudo. Essas iniciativas constituem tanto no nível material quanto no simbólico o enfrentamento das desigualdades sociais e raciais na universidade e, na perspectiva de permanência, uma forma de garantir a inclusão social e a possibilidade de mobilidade social para esses estudantes que via a universidade um espaço privilegiado apenas para estudantes brancos e mais abastados.

Mesmo sendo uma instituição pública, para os estudantes permanecerem na universidade há muitos gastos que são provenientes do próprio estudo. Assim, uma das maiores dificuldades em permanecer na universidade é advinda da falta de recursos financeiros, como relata a estudante de psicologia:

> Porque a gente é de fora e por mais que a universidade ajuda, mas você sabe que eu sou da zona rural. Meu pai é deficiente, ele não pode trabalhar, entendeu? E com isso torna difícil. E por mais que a universidade ajuda, é difícil pra se manter aqui. Porque tem apostila, aluguel, energia, transporte, alimentação. Aí fica difícil.

Entre as estratégias materiais utilizadas para permanecer na universidade estão os auxílios estudantis (principalmente o auxílio moradia por ter o maior valor entre os auxílios) que são ações que objetivam garantir de alguma forma a permanência dos estudantes. Há também aqueles que além de contar com os auxílios e da ajuda financeira dos pais, complementam a renda realizando atividades informais remuneradas, participam de estágio ou iniciação científica.

> Lá na universidade o que eu recebo mesmo é uma bolsa, é bolsa moradia que ajuda as pessoas de fora que vem estudar aqui, mas mesmo assim, se fosse só pra viver dessa bolsa não daria, porque é pouco [...] É dessa bolsa, do trabalho e vou apertando de um canto de outro pra tirar xérox, pagar passagem, comprar roupa, comida e pronto. O que dá eu vou fazendo (Estudante de biotecnologia).

Em outro relato essa mesma estudante revelou as implicações que essa rotina dupla, em que tenta conciliar trabalho com estudo, acarreta a sua formação acadêmica:

> Então não tem como eu fazer as duas coisas direito. Vou pra lá, estudo em casa e pronto... eu não presto muita atenção nas aulas porque eu fico com o sentido lá e aqui, né?... e isso me prejudica nas provas. Quando eu tenho tempo pra estudar eu consigo tirar esse atraso, mas quando não tenho eu fico do jeito que eu tô mesmo.

Além das dificuldades financeiras relatadas por todos os estudantes, há outra que envolve também a autoestima dos estudantes e que reflete significativamente no desenvolvimento global e no desempenho acadêmico dos estudantes, o processo de adaptação relativo a rotina de estudos que por ora foge da realidade já vivenciada por eles. Para Freitas e Almeida (2007), a adaptação ao ensino superior pode ser entendida como um processo multidimensional, que requer da parte do estudante um desenvolvimento de competências adaptativas a um contexto novo e às suas próprias transformações (p. 179). De outro modo, o processo de adaptação ao ensino superior depende também das relações que são compartilhadas entre pares, professores e dos desafios decorrentes das mudanças e exigências dessa nova realidade de ensino.

Para esses estudantes após ter persistido durante sua escolaridade em processos desiguais de acesso ao conhecimento, ao ingressar no ensino superior, estes sentem ainda mais as implicações dessa exclusão, pois a deficiência em conhecimentos básicos e necessários nessa fase ocasiona o baixo desempenho e consequentemente, na dificuldade em se adaptar a rotina acadêmica, sobretudo nos primeiros semestres do curso.

> Dá vontade de desistir no primeiro semestre. E a universidade não dá um subsídio pra que você continue pra que tenha um nivelamento. Então fica tudo mais complicado (estudante de enfermagem).
> Eu pensei em desistir no primeiro semestre, porque era muita coisa. [...] Hoje em dia a gente já se adaptou, você já tá adaptada, não tem mais aquele negócio de

> você morrer de estudar para conseguir alguma coisa. [...] é porque no primeiro semestre são seis disciplinas, aulas de uma às sete da noite e era muito pesado, era muito conteúdo (Estudante de Biotecnologia).
> Eu acho que aqui, os professores se acham os donos do mundo. Eles pensam assim "eu sei, então você se vire pra saber", não todos, mas a maioria. Então até eu cair a ficha que seria assim, que eu teria que me virar, correr atrás, estudar sozinha, tive muita dificuldade, perdi em muitas disciplinas, então eu me enrolei toda no curso, agora não, eu já sei como que é (Estudante de Enfermagem).

A entrada no ensino superior para a maioria dos estudantes se dá num período de transição entre a adolescência e a fase adulta, tornando um desafio se adaptar tanto às exigências da transição desta fase biológica e psicossocial quanto às exigências decorrentes do ajustamento a rotina acadêmica. Portanto, a universidade deve ter maior atenção para com esses estudantes, uma vez que os processos adaptativos a essa nova realidade está relacionada diretamente com o aproveitamento acadêmico.

Embora esses estudantes tenham sentido bastante dificuldades nos estudos devido ao ensino básico, elas vão sendo superadas à medida que avançam os semestres, desmistificando o senso comum de que os estudantes cotistas possuem um baixo rendimento e que desqualificam os cursos do ensino superior.

A formação básica ainda é mais desigual se compararmos com os estudantes que permaneciam estudando em suas comunidades, pois para aqueles que se deslocavam para a sede do município eram parcialmente beneficiados com maiores oportunidades de acesso a conhecimentos e informações que muitas vezes não adentravam as fronteiras das comunidades. Como no relato de uma estudante de farmácia:

> [...] eu pude conhecer mais as comunidades quilombolas e eu vejo que o nível das pessoas, e vi que a maioria que fez o vestibular zerou em algumas disciplinas. Aí eu pensei: 'se elas tivessem a mesma oportunidade que eu, tivesse estudado aqui num colégio

> de Conquista'... Mesmo que o ensino não é um dos melhores, mas melhor que a zona rural ainda é.

Ainda em relação a formação básica necessária para a preparação para a entrada no ensino superior, outros estudantes relataram:

> Mas eu acho que entrei sem ter uma preparação adequada. [...] o ensino não foi de qualidade. No Ensino Médio foi mais tranquilo... mas acontecia muita coisa, principalmente na área de História. Muitas vezes faltava muito professor ou só ia entrar professor no final do ano. O Professor só dava aula por dar. Eu não via um interesse, entendeu? E os alunos não tinham interesse (Estudante de Psicologia).
>
> O ensino era ruim e eu não me interessava. No ensino básico, no período de primeira a quarta, que era na comunidade, era uma sala para as quatro séries e ainda a alfabetização [turma multisseriada]. Era todo mundo junto. E aí, virava aquela barulheira toda. A professora tinha que dar conta de um milhão de assuntos. Ela não conseguia, era aquela barulheira. [...] Aí, eu tenho que voltar buscando tudo aquilo. Aí eu deveria ter aprendido mais. (Estudante de Biotecnologia).
>
> A base é seu alicerce na universidade. [...] Porque eu fiz aceleração. Já o ensino médio eu fiz completo, mas mesmo assim, eu não tenho essa base que você necessita aqui na universidade. E conta também, você sair de casa todos os dias, a questão de transporte, alimentação, fica tudo mais difícil, mais tá dando pra conciliar (Estudante de Enfermagem).

Mesmo inseridos na universidade, esses estudantes acumulam uma defasagem em seu rendimento comparando com os estudantes que tiveram uma educação de qualidade, isso em decorrência da falta ou de pouco "capital cultural" e "social" que obtiveram ao longo de sua trajetória de vida e escolar, uma vez que "quanto maior o capital social maiores são as possibilidades de obter um rendimento elevado de seu capital escolar" (BOURDIEU, 2011). Nesse mesmo posicionamento, a estudante de farmácia reconhece a necessidade da contribuição dos pais na formação básica:

> Meu pai nem a terceira teve. Ele não foi alfabetizado, ele aprendeu porque o irmão dele foi pra escola e ensinou pra ele riscando no chão. Aí ele aprendeu a fazer o nome. Pensa aí, você chegar na quinta série e você precisar da ajuda de seus pais pra algum assunto e seus pais não podem lhe ajudar [...] Aí quando a pessoa já tem, por exemplo, os pais que já estão formados, já têm uma base de conhecimento [...] aí já ajuda porque o que faz fortalecer o estudante dentro do ensino público é a contribuição dos pais. Quando falta isso, o aluno fica um pouco em desvantagem, aí essa desvantagem só vai aumentando, aumentando até chegar na universidade.

Esses estudantes, em suas trajetórias, estando em situação de vulnerabilidade socioeconômica e por conta de uma frágil "rede de relações" (família, escola, convívio social), acumularam desvantagens que os acompanham (para aqueles que chegam) até no ensino superior. Em todos os relatos é fato que os "mecanismos de eliminação" agem durante toda a trajetória escolar e são mais visíveis no ensino superior, pois o acesso se dá a partir "de uma seleção direta ou indireta que, ao longo da escolaridade, pesa com rigor sobre os sujeitos das diferentes classes sociais" (*Idem*, p. 41), com os estudantes de escolas públicas essa seleção se opera mais cruelmente.

Por outro lado, com os estudantes em que esses recursos são mais favoráveis, maiores são a chances desses ingressarem no ensino superior, em cursos de maior prestígio e valorização profissional. Ao contrário, para os estudantes dos meios populares o ingresso, além de ser um sonho quase que impossível, quando aprovados ingressam em cursos que o diploma não possui tanto prestígio, pois devido à baixa concorrência, os estudantes optam por esses cursos por acreditar ter mais chances de sucesso para ingressarem na universidade.

Tentando superar algumas das deficiências decorrentes da formação básica e para ter maiores chances de competir por uma vaga na universidade, todos os entrevistados buscaram como alternativa de preparação os cursinhos pré-vestibular que são oferecidos gratuitamente (cursinho quilombola ou dos programas sociais) ou os cursinhos que são cobradas taxas com valor simbólico. A estudante de biotecnologia relata:

> Se eu não fosse correr atrás de cursinho, estudar em casa, eu não teria conseguido. Então, eu acho que todo mundo concorda que teria que ter mais investimento principalmente no Ensino Fundamental, de quinta a oitava série, que é a hora de você realmente levar uma carga boa pra passar no vestibular.

Outro ponto que foi abordado por alguns estudantes e que apesar das deficiências da formação talvez não fosse possível para esses estudantes o acesso ao ensino superior, foi a política de cotas, uma vez esta permitiu a entrada e maior inserção dos estudantes no ensino superior. E, entendendo a política de cotas como uma ação que objetiva a eliminação de processos que excluíam esses jovens de maiores oportunidades de conhecimento e formação profissional, para esses estudantes com as cotas aumentaram as chances de fazer parte desse lócus social e almejar melhores condições de vida.

> Sem a cota, aí que ele fica mais em desvantagem ainda. [...]. Ele não vai entrar nunca, porque não teve base, não teve incentivo, não teve nada, como ele vai conseguir? Eu sei, as pessoas que passam por cota têm mais dificuldade, tem que correr atrás, tem que sofrer um pouco mais, mas se a gente não tiver a oportunidade de pelo menos buscar (Estudante de Farmácia).
> Porque se não tivesse cotas, eu ia ter que disputar com estudantes de escolas particulares e com essa dificuldade eu acho que eu nunca iria conseguir... Eu acho que não. Nunca iria conseguir. Foi uma ótima as cotas, porque se não, não estaria aqui. (Estudante de Psicologia).

Dessa forma, ainda que em suas trajetórias, esses estudantes vivenciam dificuldades que são entraves para a permanência na universidade, estar na universidade (que foi possibilitado também, pelo sistema de cotas), proporcionou para esses estudantes oportunidades nunca antes ensejadas e passaram a vivenciar outra realidade:

> Antes você não tinha nenhuma perspectiva [...] E a UFBA me fez mudar isso, me fez ver... O incentivo dos professores, aquela coisa me fez ver que era diferente. Que eu posso mudar a realidade, sabe? [...]. O mundo que eu estou vivendo aqui, tanto eu quanto a minha irmã, foge da realidade da minha comunidade. [...] A realidade é totalmente outra. E eu acredito que eu posso mudar essa realidade. [...] Na universidade não é só uma preparação acadêmica, é uma preparação pra vida (Estudante de Biotecnologia).
>
> Para mim significa independência, independência profissional, você andar de cabeça erguida, porque desde o momento em que você passa no vestibular parece que as pessoas passam a te enxergar de um modo diferente, te atende diferente [...] Eu quero sair daqui uma enfermeira responsável que pode ser capaz de ajudar o outro. É o que eu quero da universidade (Estudante de Enfermagem).

Há ainda outro significado simbólico que se torna um estímulo para esses estudantes permanecerem em suas jornadas. Estar na universidade, representa motivo de orgulho para os membros da comunidade e, sobretudo, a oportunidade de contribuir para a melhoria de suas comunidades como completa a estudante de enfermagem:

> A comunidade aposta muito, não só em mim, mas nas outras pessoas que passaram. Nós somos quatro [...] como se fosse uma maneira de a gente tá dando exemplo pros jovens [...] Eles veem a gente como pessoas que podem tá tentando buscar ajuda [...] Hoje a gente tem representantes numa universidade que pode falar da gente, principalmente para os idosos, toda vez que passa um é uma festa.

Analisando esses relatos, apesar de todos os entraves vivenciados por esses estudantes em suas trajetórias e pensando nas ações afirmativas como uma política que possibilitou a entrada desses jovens na universidade, remete a um problema a que cada dia se redefine. A permanência desses e de outros tantos na universidade implica garantir desde a entrada até a trajetória bem sucedida ao final do curso. Mas como pensar nessa permanência se ainda que recebendo o auxílio estudantil, não é o bastante para suprir as necessidades e despesas dos estudantes decorrentes dos gastos com alimentação, material de estudo (Xerox, livros,), transporte e aluguel? Deve-se levar em conta que as ações que visam garantir a permanência dos estudantes na universidade, quando não atendem a todos os estudantes em situação de vulnerabilidade socioeconômica, contribuem e agravam as dificuldades enfrentadas destes em permanecer na universidade, pois estando inseridos nesse novo contexto utilizam de estratégias que vão além de suas possibilidades.

> Eu acho que vou continuar enfrentando [dificuldades] até o final do curso, porque as dificuldades maiores são financeiras. No início, eu acho que se eu não tivesse conseguido o auxílio moradia, porque é muito difícil, então eu teria desistido. Eu recebo o auxílio moradia. Então eu venho todos os dias, eu gasto R$ 9,00 a 10,00 só de passagem todos os dias. Tem alimentação, aí você tem que usar a criatividade, porque comer aqui todo dia... tem essa Xerox que é terrível, eu acho que a Xerox é muito cara, a questão de alimentação por não ter um restaurante universitário (Estudante de Enfermagem).
>
> [...] mas cabe a gente reivindicar um suporte pra quem passa por cota permanecer na universidade, que não é fácil. Você não tem suporte nenhum, nem financeiro, nem educacional, nem psicológico pra você se manter na universidade. Só te joga lá e pronto... No meu curso a gente necessita muito do inglês porque tem tradução de textos, você faz projeto. Então no meu curso você não tem inglês e nem português [instrumental]. Teria que dar uma mudada na grade, seria bom ter um nivelamento, quando você tivesse precisando e lá não tem... é isso, acha que todo mundo vem de um lugar só e pode "soltar o pau" que todo mundo acompanha e não é assim. Aí aonde vem esse negócio de internet, nem sempre você consegue acompanhar pra traduzir os textos, você fica pra trás [...] o sinal é muito ruim, [...] você não pode terminar um trabalho lá. Então você leva pra casa, pra roça lá

> não tem internet. Então você tem que ficar pulando de galho em galho pra você tentar fazer um trabalho. (Estudante de Biotecnologia).

Mesmo com as ações do PROAE, o IMS/UFBA não dispõe de residência universitária, visto que boa parte dos estudantes é oriunda de outros municípios ou até mesmo da zona rural de Vitória da Conquista. A universidade também não conta com restaurante universitário.

Outro problema bastante significativo e que de certa forma está associado ao acesso ao material de estudo, é a indisponibilidade dos estudantes de terem acesso direto ao acervo bibliográfico, já que é um técnico da UFBA que busca o exemplar solicitado no acervo. Por conta desse problema estrutural da biblioteca, leva os professores a exigirem compulsoriamente dos estudantes o material de estudo deixado na fotocopiadora da instituição que disponibiliza o serviço de cópias a um custo elevado.

Diante de tantas dificuldades pode-se verificar que a rotina desses estudantes e de outros tantos da instituição que estão em situação de vulnerabilidade socioeconômica é traçar as suas trajetórias acadêmicas à sombra das diversas dificuldades, principalmente, a falta de recurso financeiro, já que as bolsas de assistência estudantil são incipientes para atender as necessidades básicas dos estudantes, sem mencionar o elevado número de estudantes que pleiteiam para também serem beneficiados. Portanto, essas trajetórias são escritas a rascunho e à luz do improviso, pois lutam por condições favoráveis para prosseguirem com seus estudos e assim possibilitar uma melhoria nas suas condições de vida e de alguma forma (como eles relataram) contribuir para a melhoria de suas comunidades. Ao final do curso ainda há outra trajetória incerta, mas muito desejada, que é a formação necessária para atender às exigências do mercado de trabalho ou ainda, maiores oportunidades para prosseguirem na carreira acadêmica.

Considerações finais

Esse estudo possibilitou conhecer um pouco o perfil e as historias de escolarização dos estudantes provenientes de comunidades quilombolas segundo a sua origem social e familiar (renda, ocupação e escolaridade dos pais) e histórico escolar (trajetória escolar do ensino fundamental e médio dos estudantes), entre outras informações referentes ao período que antecedeu a entrada na universidade (preparação para o vestibular, número de vestibulares prestados). Há uma relação direta entre as características socioculturais dos estudantes e o desempenho acadêmico; este também está relacionado ao processo de adaptação a esse novo contexto de ensino.

Este estudo também evidenciou que a qualidade do ensino nas escolas públicas, principalmente a educação no meio rural, vem sofrendo um processo de descaracterização do ensino. A desigualdade de acesso dos estudantes fragilizados econômica e socialmente, em especial no ensino superior, é devido, dentre outros, ao passado escolar e ao processo seletivo de ingresso fundado no princípio da meritocracia, necessitando dos governos políticas que objetivem democratizar o acesso e a permanência com qualidade dos estudantes em todos os níveis de ensino.

A continuidade da política de cotas é necessária, pois é a forma imediata que a curto prazo garante maior representação de grupos antes excluídos das universidades, já que esses estudantes não podem esperar por políticas de melhorias na educação pública brasileira, uma vez que essas ações são de médio a longo prazo para a efetiva concretização. Portanto, é ingênuo pensar que o problema da desigualdade racial e social em nosso país seja resolvido apenas com políticas universais de melhoria do ensino.

A partir do sistema de cotas nas universidades um número significativo de ingresso de estudantes no ensino superior, entretanto esta política tem demonstrado que ainda é insipiente para corrigir as desigualdades sociais e econômicas em nosso país decorrente do longo processo de exclusão e racismo das populações negras e seus descendentes no Brasil.

Dessa forma, esses e outros tantos estudantes em situação de vulnerabilidade socioeconômica que conseguiram entrar na universidade estão rompendo as barreiras ao longo de suas trajetórias escolares, ingressando e permanecendo na universidade.

Referências

BOURDIEU, Pierre. A escola conservadora: as desigualdades frente à escola e à cultura. In: NOGUEIRA, Maria Alice; CATANI, Afrânio (Orgs.). *Escritos de Educação*. Petrópolis, RJ: Vozes, 2011, p. 39-64.

FREITAS, Helena Cristina das N. M; RAPOSO Nicolau de A. Vasconcelos; ALMEIDA Leandro S. Adaptação do estudante ao ensino superior e rendimento acadêmico: Um estudo com estudantes do primeiro ano de enfermagem. *Revista Portuguesa de Pedagogia*, Universidade Coimbra, ano 41-1, 179-188, 2007.

GOMES, Joaquim B. Barbosa. A Recepção de Instituto da Ação Afirmativa pelo Direito Constitucional Brasileiro. In: SANTOS, S. A. (Org.) *Ações Afirmativas e Combate ao Racismo nas Américas*. Brasília: Ministério da Educação, Secretaria de Educação Continuada Alfabetização e Diversidade, p. 45-79, 2005.

GOMES, Nilma Lino. Alguns termos e conceitos presentes no debate sobre relações raciais no Brasil: uma breve discussão. In: *Educação anti-racista: caminhos abertos pela Lei Federal nº 10.639/03*. Brasília: Ministério da Educação, Secretaria de Educação Continuada, Alfabetização e Diversidade, 2005.

IPEA. *Políticas sociais* - Acompanhamento e análise. 15 de março de 2008.

PAIXÃO, Marcelo; ROSSETTO, Irene; MONTOVANELE, Fabiana; CARVANO, Luiz M. (Orgs.) *RELATÓRIO ANUAL DAS DESIGUADADES RACIAIS NO BRASIL - 2009-2010*. Rio de Janeiro: Ed. Garamond, 2010.

PIOVESAN, Flávia. Ações Afirmativas Sob a Perspectiva dos Direitos Humanos. In: SANTOS, Sales A. (Org.) *Ações Afirmativas e Combate ao Racismo nas Américas*. Brasília: Ministério da Educação, Secretaria de Educação Continuada Alfabetização e Diversidade, 2005, p. 33-43.

QUEIROZ, Delcele Mascarenhas. O negro e a universidade brasileira. *Historia Actual Online*, num. 3, 2004, p. 73-82.

______. O ensino superior no Brasil e as ações afirmativas para negros. *Revista Universidade e Sociedade*, Andes, ano XII, nº 29, 2003.

______. Raça e Educação Superior: A cor da UFBA. In:*Universidade e Desigualdade: brancos e negros no ensino superior*. Brasília: Liber Livro, 2004.

______. 'Raça' e educação na Bahia nos anos 90. *Revista da FAAEBA*, 12 (jul./dez., 1999).

REIS, Dyane Brito. Acesso e Permanência de Negros(as) no Ensino Superior: o caso da UFBA. In: LOPES, Maria A.; BRAGA, Maria L. de S. *Acesso e Permanência da População Negra no Ensino Superior*. Brasília: Ministério da Educação, Secretaria de Educação Continuada, Alfabetização e Diversidade: Unesco, p. 50-72, 2007.

__________. *Para Além das Cotas: a permanência de estudantes negros no ensino superior como política de ação afirmativa*. 2009. 214 f. Tese (Mestrado em Educação). Faculdade de Educação. Universidade Federal da Bahia, Salvador, 2009.

RESOLUÇÃO DO CONSEPE nº 01/04, que estabelece reserva de vagas na seleção para os cursos de graduação da UFBA realizada através do vestibular.

SANTOS, Milton. *O espaço do cidadão*. 2. ed. São Paulo: Nabel, 1992.

SILVA, Petronilha Beatriz Gonçalves E. Aprender, ensinar e relações étnico-raciais no Brasil. *Educação*. Porto Alegre/RS, ano XXX, n. 3 (63), p. 489-506, set./dez. 2007

SILVÉRIO, Valter Roberto. Ações Afirmativas e Diversidade Étnico-racial. In: SANTOS, S. A. (Org.) *Ações Afirmativas e Combate ao Racismo nas Américas*. Brasília: MEC, SECAD, p. 33-43, 2005.

THEODORO, Mario; JACCOUD, Luciana. Raça e educação: os limites das políticas universalistas. In: SANTOS, S. A. (Org.) *Ações Afirmativas e Combate ao Racismo nas Américas*. Brasília: Ministério da Educação, Secretaria de Educação Continuada Alfabetização e Diversidade, p. 103-120, 2005.

UNIVERSIDADE FEDERAL DA BAHIA, SERVIÇO DE SELEÇÃO, ORIENTAÇÃO E AVALIAÇÃO. *Manual do Vestibular*. Disponível em: <http://www.ufba.br>. Acesso em: 08 abr. 2012.

UNIVERSIDADE FEDERAL DA BAHIA. Assistência Estudantil. Disponível em http://www.prograd.ufba.br/set.asp. Acesso em: 14 de agosto de 2012;

UNIVERSIDADE FEDERAL DA BAHIA. Programa Permanecer. Disponível em https://sisper.ufba.br/sisper/Welcome.do. Acesso em: 14 de agosto de 2012;

VIEIRA JR, Ronaldo Jorge A. Rumo ao Multiculturalismo: A adoção compulsória de ações afirmativas pelo Estado brasileiro como reparação dos danos atuais sofridos pela população negra. In: SANTOS, S. A. (Org.) *Ações Afirmativas e Combate ao Racismo nas Américas*. Brasília: Ministério da Educação, Secretaria de Educação Continuada Alfabetização e Diversidade,2005.

A FORMAÇÃO DO PSICÓLOGO NOS CONTEXTOS DA DIÁSPORA AFRICANA

Regina Marques de Souza Oliveira[1]

Pensar em educação superior nos remete a uma série de questões importantes que vão de encontro as condições de formação do aluno não só no âmbito universitário, mas também a bagagem cultural e histórica diante dos cenários de aprendizagem que o aluno já participou em toda sua vida escolar.

Remete-nos, inclusive, a considerar quais bancos escolares este aluno de graduação frequentou, antes de estar ali, em um projeto ou proposta pessoal de ter um diploma e conhecimentos em nível superior.

Há aproximadamente quarenta anos atrás no Brasil, o ensino superior era privilégio de bem poucos, e quem o concluía teria uma certa garantia de que estaria em boas condições de vida social e material; com circunstância de empregabilidade certa em pouco tempo de investimento e um futuro promissor, no caso de dedicação comum e responsável frente a profissão escolhida, para si e seu entorno – filhos, família enfim.

Atualmente, as mudanças sociais e culturais, tanto no cenário nacional, quanto no cenário mundial, promovem outros níveis de acon-

---

1 É Professora Adjunta da Universidade Federal do Recôncavo da Bahia - UFRB, Centro de Ciências da Saúde. Pós Doc na École des Hautes Études en Sciences Sociales (2016). Coordenadora do Núcleo de Estudos e Pesquisa em Psicanálise, Identidade, Negritude e Sociedade - NEPINS.

tecimentos e circunstâncias àqueles que frequentam ou tem acesso ao ensino superior.

Em diferentes contextos há a possibilidade hoje, no Brasil, de inserir-se no ensino superior através de inúmeras instituições privadas cada vez mais crescentes e comercialmente atraentes para seus investidores, bem como, de certo modo, uma tímida expansão do ensino público superior em diferentes contextos do país, principalmente na região nordeste. Região historicamente marcada pela desigualdade social, precariedades de sorte material com descaso político, invisibilidade econômica, escassez social.

Embora o quadro e formas de acesso tenha se alterado no âmbito nacional, com melhores condições de ingresso para camadas sociais populares que historicamente no Brasil jamais tiveram acesso favorecido no ensino superior, as condições de ingresso deste público, em geral jovens, é ainda fortemente desigual em relação as necessidades importantes para o pleno desenvolvimento humanístico, técnico e acadêmico que a vida universitária em alguma medida deveria promover.[2]

A este jovem faltam as condições básicas para estar no banco do ensino superior. Não só por questões materiais específicas, as quais eles e seus familiares e comunidade extensa, de uma forma ou outra, tem muita dificuldade e/ou conseguem atender. A dificuldade maior do jovem também reside principalmente na dimensão de mundo e historicidade que no percurso de sua vida escolar foi-lhe reiteradamente negado, roubado, ou tornado invisível.

2 Dizemos "em alguma medida" porque temos observado que cada vez mais o sistema de ensino superior no Brasil confunde-se com uma universidade de resultados. Relegando a formação humanística de valores culturais e artísticos, de cunho generalista, para uma formação cada vez mais fragmentada, técnica ao nível da instrumentalidade, na qual o aluno sai do espaço universitário sem conhecer as possibilidades de pensamentos diversos que perpassam a vida social de seu contexto e de sua realidade no âmbito local e o global. A universidade – a qual em termos de necessidades de produção quantitativa é cada vez mais exigida e cobrada, reproduz em seu público a importância do valor ao dado, a produção por si, sem o aprofundamento das condições de saber conscientemente do "porque" fazer ou aprender. O fazer está na ordem do dia, com a velocidade de nossos tempos, mas ao mesmo tempo um fazer atemporal, que não se preocupa com a validade significativa de seus atos, mas apenas com a provisoriedade de atender a exigência empírica dos dados, sem atrelamento à cultura, à história, as necessidades singulares da humanidade.

Esclareço que ao jovem brasileiro, e à população brasileira em si, o pensamento do colonizador, e a dimensão de um mundo suleano - para usar a expressão de Paulo Freire (1996) e também as reflexões de Boaventura Souza Santos, sobre a necessidade de se compreender e pensar o sul - países do hemisfério sul - a partir dele mesmo, articula-se enquanto conflito não aparente nas formas de compreender o universo do ensino superior.

Enquanto nossa origem histórica de Brasil coloca-se dentro das condições estritas de uma cultura vinda do branco europeu português e posteriormente no sul e sudeste, as contribuições de formação cultural do país de um contingente diferenciado de europeus e asiáticos, acabam por produzir no brasileiro a ideia de que um país desenvolvido e moderno passa pela descaracterização de nossa identidade de matriz étnica e racial negra e indígena - a política e desejo de branqueamento da população brasileira a partir da abolição - a história de enraizamento, resistência, lutas, vitórias e valores das populações não brancas - negras e indígenas - são tornados inexistentes a partir de princípios ideológicos formadores da escola.

A escola surge no Brasil para as classes abastadas. Jamais houve um projeto inicial - nos primórdios das políticas de escolarização no Brasil - de escola para as camadas populares brasileiras.

Os raros "pobres" que conseguiam ir além do ensino primário, a partir do exame de admissão, nas raras e concorridas escolas públicas brasileiras, eram privilegiados que possivelmente teriam algumas condições de ingressar no ensino superior brasileiro - nas poucas escolas superiores - e necessariamente, deveriam estar próximos aos grandes centros de desenvolvimento do país - nas capitais. Locais onde, algumas vezes, existiam as únicas e incipientes faculdades públicas no Brasil.

Esta restrita consideração histórica, nos mostra que a escola nunca falou a linguagem da população brasileira. Se somos inegavelmente uma nação de indígenas, brancos e negros, a escola, sem dúvida, ainda hoje, reproduz valores majoritariamente referentes a população branca, as dimensões de mundo europeu - eurocêntrico - ou mais particularmente a partir da segunda metade do século 20, as dimensões de mundo e valores "americanocêntricos" - *american way of life*.

Apesar disto, a luta e resistência do conjunto da população brasileira, fortaleceu o surgimento de medidas políticas que proporcionaram, de certo modo, o reconhecimento da existência *não fictícia* de negros, indígenas e não brancos no contexto geral do país.

Os movimentos sociais fortalecidos com as lutas por direitos e cidadania, a alteração política no quadro governamental no contexto do país, em importantes capitais do sudeste e posteriormente no cenário nacional, protagonizou uma série de mudanças no contexto de aprendizagem social da população brasileira (OLIVEIRA, 2012).

O povo tem sua própria pedagogia, constrói, por empirismo árduo e vivido, sua própria visão e interpretação do mundo e da história, possibilitando a construção de novos caminhos de protagonismo social.

Ainda assim, sabemos que este caminho é lento. É um tempo lento em termos cronológicos, mas é também um tempo de grande velocidade, considerando que a alteração do pensamento, uma vez implantada, é semente fértil, capaz de superar inúmeras barreiras e demandar com força a amplitude de suas raízes e reconhecimento de sua copa, galhos e troncos, como árvore frondosa que se inicia e se expande para além de seus espaços.

Nesta consideração dialética, entre o protagonismo popular que se inscreveu em todo tempo na história das populações brasileiras menosprezadas - negros e indígenas - e as reiteradas tentativas de subjugação e submissão destas populações aos princípios norteadores das posições de poder no mundo - cenário mundial -,[3] observamos que a escola, e a formação que oferece ao alunado, é em geral cortês, gentil e conivente com os princípios reguladores do poder hegemônico tradicionalmente presente no mundo e na sociedade brasileira.

Diante deste cenário, a população pobre, negra, mestiça e indígena, não encontra lugar ou visibilidade de seus feitos e de suas representações nos bancos escolares. Restando a triste opção de aliar-se aos princípios "norteadores" - do Norte -[4] para conquistar o passe - condições objetivas - de adentrar ao ensino superior.

3 A hegemonia dos países do norte no poder e comando das decisões políticas e sociais de todo o resto do mundo.

4 Hemisfério norte - América e Europa

No cenário atual, as formas de ingresso são diferentes, como sabemos, ao ensino superior no país. Contudo, os ranços, a formação identitária do jovem, a "catequização" de seus modos de pensar, advindos dos manejos incutidos pelo sistema escolar e as formas de valorização da cultura branca, em detrimento da cultura negra e indígena e/ou de outras culturas não valorizadas no cenário nacional, fazem com que o jovem pertencente aos seguimentos populares que adentra ao ensino superior tenha dificuldades em reconhecer e/ou afirmar sua identidade negra, indígena, ou outra, no contexto universitário.

Em pesquisa realizada em escola de ensino fundamental, observou-se a relação de estudantes de 5 a 6 anos de idade, durante o mês da consciência negra.

Promoveu-se nesta atividade a projeção de um filme - Kiriku - o qual é emblemático quanto a dimensão cultural da cultura africana e a força política e carismática do personagem principal - uma criança de nome Kiriku.

Os resultados desta pesquisa, revelam que as crianças negras, as quais eram a maioria no contexto observado, não se reconheciam no personagem Kiriku.

As crianças de pele mais clara - não necessariamente brancas - faziam brincadeiras irônicas com as crianças de pele mais escura. Chamando-as de Kiriku quando a situação compartilhada implicava desvantagens para a criança mais escura.

Uma das crianças, a qual possuía a pele mais escura do conjunto de crianças observadas, passou a desenvolver comportamentos de excessiva timidez no contexto escolar, com circunstâncias nas quais apresentava choro e mágoa frente o comportamento dos colegas em relação a sua pessoa.

Esta criança dizia à professora da classe: *"Eu não gosto que me chamem de Kiriku"*, *"eu não sou Kiriku..."*.

Os resultados desta pesquisa revelam que fomentar as trocas culturais e a valorização de culturas consideradas pouco significativas no contexto do cotidiano escolar, apenas em um momento pontual do calendário escolar, não promove a relação de igualdade e consciência da importância das diferenças, mas reproduz entre crianças, tal qual como na sociedade adulta, a ironia de que todos são iguais e valorosos. Gerando comportamentos padronizados de aparente aceitação da diversidade cultural, mas que mascaram fortes relações de hostilidade e preconceito através do escárnio das crianças entre si. (OLIVEIRA, et. all, 2012, p. 60).

O que podemos aprender com estas crianças?

Que elas nos representam de maneira autêntica. Elas escutam durante um período pontual no calendário escolar que as culturas negra e indígena são importantes para o Brasil. Mas elas como seres espertos que são, compreendem e aprendem que a sociedade joga um jogo, que elas brincam para destes modos de sociabilidades se apropriarem. Um jogo que todos fingem que é verdade. Mas que passados alguns dias, toda a verdade que prevalece no cotidiano implacável, torna-se a única prevalente: as crianças negras, o *Kiriku*, não estão nos livros didáticos, apesar de uma década de pesquisas sobre o tema no Brasil. A tia Anastácia de Monteiro Lobato continua a ser o modelo valorizado de mulher negra servil aceitável para uma sociedade branca,[5] na qual muitas escolas revivem uma noção de Brasil que felizmente não existe mais - ou que pelo menos, em grande medida, não se quer mais assim.[6]

Conforme interesse da Presidência da República do Brasil foi solicitado parecer de relator especial do Ministério da Educação e Cultura para avaliar denúncia sobre a necessidade da Secretaria de Educação do Distrito Federal deixar de utilizar material adquirido com verbas do Programa Nacional Biblioteca da Escola que favoreça a promoção de uma educação estereotipada e preconceituosa em desacordo com as politicas pública vigentes no Estado Nacional para uma educação anti-racista, a partir da nova legislação conforme a Constituição de 1988.

Parte da posição da Presidência da República, conforme o relator refere:

---

5 Apesar do Ministério da Educação possuir parecer explícito sobre a inadequação do uso dos textos de Monteiro Lobato nas escolas brasileiras - públicas e privadas - considerando o nível de desenvolvimento político social - direitos civis - que o país e as sociedades modernas vem alcançando - a partir dos embates sociais - quando se trata de igualdade de direitos e formas de tratamentos desumanizantes e ofensivos que em outras épocas seriam considerados "normais" e/ou "carinhosos" e "aceitáveis".

6 A nova legislação trabalhista em relação às empregadas domésticas no cenário brasileiro é um grande indicativo deste querer atual.

> A escola, a rede pública e privada de educação do Distrito Federal e a Secretaria de Educação devem considerar que as críticas aos estereótipos raciais presentes no livro Caçadas de Pedrinho (...) não se referem a trechos isolados. Antes, fazem parte da análise do todo, do contexto histórico e social da obra e vivido pelo autor, da ideologia racial, das representações negativas sobre a cultura popular, o negro e o universo afro-brasileiro presentes não só no livro Caçadas de Pedrinho, mas, também, em outras publicações de Monteiro Lobato.
> Conforme alertam estudiosos do campo da literatura, é possível utilizar autores da literatura brasileira que tratam direta ou indiretamente da temática racial, porém, deve-se tomar cuidado com os textos que podem reforçar preconceitos, e que dão a possibilidade de interpretações negativas (...). O alerta e a denúncia em relação à adoção desse livro e de outras obras que apresentem estereótipos raciais devem ser entendidos como parte do processo democrático e integra o debate público e o exercício do controle social da educação (GOMES, 2010, p. 5).

Este Brasil que começa a despertar para a derrubada do mito da igualdade racial e que quer afirmar-se contrário a historicidade de negação do desvalor da etnia negro africana e/ou indígena, ainda não encontra visibilidade nos meios de comunicação e nas instituições escolares pois, contraditoriamente, as músicas e filmes das apresentadoras de televisão - loiras - são os utilizados nas atividades e festas das escolas públicas e as "barbies" (princesa ou pop star), após dez anos da Lei 10.639/03, ainda povoam o ideário das meninas - negras e brancas, como o protótipo de mulher viável e bonita para o seu tempo histórico.

Aos meninos negros cabe a invisibilidade de sua representação. Os quais devem espelhar-se positivamente na figura do esportista - em geral jogador de futebol - ou esconder-se da vergonha usual frente a carga pejorativa que recai sobre o homem negro: o bandido, o criminoso, o vagabundo, o suspeito.

Uma mãe participante da pesquisa faz o seguinte relato:

> Outro dia, passeando com meu filho de três anos dentro de um condomínio que possui uma área arborizada - um bosque, um pai diante de sua menininha teimosa, mais ou menos dois anos, tentando impedir que a mesma se afastasse muito além dele, disse bem alto: - *Olha lá, o homem preto vem vindo. Ele vai te pegar!* Não havia homem preto. A menininha saiu correndo. Eu estava passando a menos de três metros de distância física deles. Eu sou mulher, negra, na época, moradora como ele, naquele condomínio. Meu coração disparou e me dei conta, como mãe e como mulher - nunca havia parado para *sentir*[7] a condição do estigma negativo formador da identidade do homem negro - que sou mãe de um menino negro. Meu filho de três anos, ali, passeando seguro em minhas mãos, ouvindo aquilo. E aquele homem branco, sem nenhum respeito a nossa condição humana e étnica (mulher negra, 36, enfermeira).

De fato, conforme o relato, observamos que o homem branco afirma para a criança - para a branca e também para a negra - sobre o *"perigo"* dos negros. Ambas as crianças foram expostas prematuramente às formas de sociabilidades extremamente violentas em relação a população negra. Expondo as duas a violência do racismo, ao estigma e ao preconceito.

Esta vivência ilustra nossa dedicação científica e podemos perceber que é mais "fácil" compreender porque o extermínio de jovens negros no Brasil e no mundo é tão drástico e constante.

No período de 1998 a 2008 a taxa de homicídio da população jovem e negra no Brasil foi muito superior a mesma taxa em relação a população branca. Em 2004, por exemplo, a taxa foi de 18,3 homicídios

---

7 Esta mulher era articulada socialmente frente as questões raciais. Ela enfatiza a palavra *sentir* como diferente do pensar incluindo posteriormente ao seu relato: *"Como estudiosa das relações raciais, sei dos estigmas enfrentados pela população negra. Mas viver a experiência do sentido foi fortemente impactante. O 'sentimento' que abateu-se sobre mim na necessidade de proteção moral e psíquica de meu filho. Um menino negro. Filho de um homem negro"*.

em 100.000 brancos. Na população negra a taxa foi de 31,7 em 100.000 negros. Isso significa que a população negra teve 73,1% de vítimas de homicídios a mais que a população branca. O estudo é alarmante porque demonstra que em 2002 morreram 45,8% mais jovens negros que brancos. Em 2005, 67,14% mais mortes de jovens negros que brancos e em 2008, morrem proporcionalmente 103,4% mais negros que brancos, isto é, acima do dobro! (WAISCEFISZ, 2011, p. 57).

O mesmo estudo informa que por todos os dados obtidos com a pesquisa sobre homicídios e violência por raça e cor, para cada branco assassinado em 2008, morreram proporcionalmente mais de 2 negros nas mesmas circunstâncias. Diz o estudo:

> Pelo balanço histórico dos últimos anos, a tendência desses níveis pesados de vitimização é crescer ainda mais. Impressionam, aqui, tanto nos números absolutos quanto nas taxas, os pesados índices de vitimização negra em Alagoas, e na Paraíba, e em menor medida, também na Bahia, em Pernambuco e no Ceará, dentre outros cujos índices, em geral, e os do ano de 2008 em particular, atingem níveis extremamente elevados. Essas evidências nos levam a postular a necessidade de reorientar as políticas nacionais, estaduais e municipais em torno da segurança pública, para enfrentar de forma real e consequente essa grave anomalia (WAISCEFISZ, 2011, p. 63).

No estudo de Waiscefisz, observa-se que no nordeste do país, a violência contra os jovens negros é mais abrupta, e no conjunto do país, com exceção dos Estados do Paraná, Distrito Federal e Acre, a vitimização de negros é proporcionalmente muito superior a evolução dos homicídios brancos. Sendo que tal característica no país - a elevação das mortes e violências contra jovens negros - aparece como uma constante.

Então a consideração étnica e racial para definição de políticas e estudos formativos de profissionais de educação e saúde, deve possuir necessariamente tal abrangência. No mesmo sentido a Agenda de Prioridades de Pesquisa em Saúde - campo dialógico da psicologia - referenda que há extrema defasagem no campo conceitual da formação profissional e intervenção em saúde no que diz respeito à saúde da população negra, violência e agravos a saúde - principalmente contra jovens negros e saúde mental. Sendo este - a saúde mental - campo inerente à psicologia.

Conforme estávamos abordando, sobre as formas de sociabilidades impressas nas relações do cotidiano, é possível dimensionar que, mesmo que eles (os jovens e homens negros) não estejam presentes na cena de um crime, eles serão apontados como existentes e responsáveis. Tal qual o pai disse para aquela menininha na ausência de um homem negro: - *O homem preto vem vindo. Ele vai te pegar!* - O pai reproduz e incute o medo do homem negro, das pessoas negras na cabeça de sua filha. A violência psíquica previamente formulada como dispositivo natural nas formas de sociabilidades em relação à população negra.

Do ponto de vista psíquico formador do aparelho mental humano, é inegável que há efetiva possibilidade de graves repercussões destas mensagens na formação psíquica e de identidade destas crianças: na menina branca e também no menino negro.

A diferença racial, e a forma de tratamento representativo da *branquitude,* são formuladores de condutas e balizadores psíquicos em crianças e adolescentes, os quais serão potencialmente adultos marcados em suas subjetividades por seu grupo coletivo.

Como os dados nos referendam, podemos afirmar que todas as implicações negativas para estas crianças e para o contexto coletivo ao qual elas pertencem sobre as pessoas negras e a cultura negra são provenientes desta forma transgeracional e psíquica de marcação cultural que as famílias e também a escola, perpetuam na construção emocional e afetiva das crianças, favorecendo que elas valorizem ou desdenhem e desrespeitem culturas diversas a sua ou menosprezem sua própria cultura e origem.

Os pais, a família, a escola e os meios de comunicação fomentam a raiz do preconceito e fazem-na crescer e tornar-se sempre presente nos lugares em que nem imaginávamos que poderia estar tão fortemente explícita - como na cena das duas crianças e seus pais em um passeio no bosque próximo a suas residências ao final da tarde.

Quando chegam aos bancos do ensino superior, descontruir tais vivências é quase tentar furar uma rocha com um cotonete.

Os aspectos racionais e "politicamente corretos" em um Brasil que cada vez mais se afirma legalmente frente as ações afirmativas voltadas a população negra, não são suficientes para bem resolver conflitos e tensões psíquicas e de formação de identidade em jovens negros e brancos do sistema universitário.

Se existe um consenso legal - alguns gostam e outros não, mas a legislação está vigente e não há como negar - há, por outro lado, grandes fragmentações quanto ao sentido da identidade negra, a noção de negritude, o bem estar em reconhecer-se negro, para além do calendário pontual do ano escolar ou da vida cotidiana.

O 20 de novembro existe, ao menos na realidade da universidade pública brasileira na região do Recôncavo da Bahia, como um período específico. Porém, as atividades, pesquisas, encontros e ideologias que favorecem a diversidade e o trânsito positivo entre as culturas, são praticamente inexistentes no que diz respeito a área do conhecimento da psicologia.

O que se observa na formulação do projeto político e pedagógico do curso ou projeto político curricular do curso de psicologia na universidade pesquisada, no período de 2009 a 2012, não existem componentes curriculares que favoreçam a compreensão para o estudante de psicologia da importância da discussão étnica e racial para o contexto do país e em especial, para o contexto local e regional da universidade em que os alunos estudam e exercem suas atividades de pesquisa e extensão.

O documento (PPC) está vigente desde o início do curso na UFRB (2005), e preconiza enquanto perfil do egresso a capacidade de agir para a transformação social e desenvolvimento da cidade de Santo Antonio de Jesus, Recôncavo, Nordeste e outras regiões do país.

> O egresso será capaz de comprometer-se com a saúde pública, com a educação, que discuta sua relação com esferas da sociedade, capaz de identificar demandas. *Em suma, um psicólogo comprometido com a sociedade em que está inserido e preparado para atuar de maneira ética em processos colaborados com a transformação social* (PPC - Psicologia/UFRB, 2007, p.06, grifos nossos).

Embora haja uma breve menção no documento sobre a presença da população indígena originária da região do Recôncavo, principalmente na cidade de Santo Antônio de Jesus, a presença dos índios Cariris como habitantes primeiros da localidade, não há menção sobre a maciça presença africana, originária do tráfico de escravos, conforme a historiografia brasileira no Nordeste do país, principalmente na Bahia, largamente tem discutido, inclusive como sendo a Bahia o estado brasileiro mais densamente povoado de quilombos e comunidades remanescentes de quilombos. Formas de vida e cultura presentes na localidade (Recôncavo e Interior da Bahia) neste século 21.

Do mesmo modo, não há menção específica sobre a importância para a formação do psicólogo em compreender questões étnico-raciais para agir conforme o preconizado na capacidade do egresso enquanto atuante profissional. Poderia este egresso contribuir com o preconizado no PPC sem discutir durante os cinco anos de formação a importância das relações étnico-raciais para a região do Recôncavo? E principalmente nas regiões apontadas de inserção das cidades que formam as adjacências de Santo Antônio de Jesus, a qual é densamente povoada de comunidades remanescente de quilombos? (embora não demarcados e titulados, o que é um problema grave no território da Bahia, enquanto estado mais repleto do país em termos de comunidades quilombolas presentes). Regiões que encaminham muitos de seus jovens estudantes que compõem o quadro formativo dos cursos de psicologia e outros do campus Centro de Ciências da Saúde da UFRB.

Não há disciplinas que mencionem estas questões. Há a base antropológica e social presente formalmente nos cursos de psicologia do país. Mas não há uma formação comprometida com a transformação da realidade intimamente próxima do campus onde está inserido o curso de psicologia, conforme prediz o PPC.

No mesmo sentido, em acompanhamento destes estudantes e observando alguns dos egressos, suas atividades profissionais e campos de atuação no entorno próximo, poucos foram capazes de considerar efetivamente esta qualidade da formação do contingente populacional do Recôncavo para intervir efetivamente em seu trabalho.

Como professora e moradora da região, indiretamente tenho notícias de ações de profissionais que atuam na rede municipal das cidades próximas. E infelizmente a qualidade do trabalho no que tange a capacidade de discernimento sobre tais questões é ausente ou senão extremamente precária.

A importância de tal consideração é fundamental. Não no sentido de distinguir a população negra no âmbito das diferenças de tratamento em saúde e educação de modo específico e tecnicamente orientado com a necessidade de um curso de especialização, aperfeiçoamento, mestrado ou doutorado, conforme vem sendo trabalhada a formação geral dos profissionais de saúde e educação no Brasil, interessados em um diálogo com a questão nodal da formação de nossa estrutura social, política e subjetiva. Mas, principalmente no âmbito da formação de base, genérica que garanta, tal qual a competência preconizada no PPC acima grifado, as condições basilares de atuação profissional ética comprometida com a população brasileira.

Em atividades junto aos profissionais (ex-alunos da UFRB em psicologia) do CREAS, CRAS, postos de saúde, e equipamentos sociais em educação, com os quais tenho realizado algum diálogo profissional, é nula a consideração sobre a compreensão da complexidade da formação do povo brasileiro em suas matrizes étnicas raciais e as implicações disto nas dimensões políticas administrativas e acesso a saúde e cidadania de tal população no que diz respeito a ação e intervenção do psicólogo.

Questão de ordem e intervenção psicológica são trabalhadas no âmbito de uma regulação social exclusivamente. Apartada do trabalho específico da formação do psicólogo.

No mesmo sentido, há alguns poucos comprometidos com a abordagem da questão. Mas não conseguem efetivar papel significativo no âmbito geral da condição profissional, em função justamente da precária formação integrada entre os conteúdos psicológicos estudados e as relações sociais e étnicas presentes (ausentes no segundo caso) em sua concepção de ciência e trabalho a partir da organização do curso de psicologia que realizaram: ou seja a forma do projeto político pedagógico do curso como se inscreve (na UFRB e nos cursos de psicologia do país) não dá conta de tais questões. Mesmo para aqueles poucos interessados em abordar a condição nacional da formação da identidade e processos subjetivos da população do país: fundamento da ciência e profissão psicologia comprometida com transformação social.

Atualmente, 2014, o Núcleo Docente Estruturante (NDE), organizou a modificação no projeto político pedagógico do curso de psicologia e posteriormente, chamou os professores para sugestões em alterações das mudanças elencadas.

Em nada, basicamente, alterou-se a condição da presença da importância da abordagem étnico racial formal no currículo do curso de psicologia.

Até este período em que estamos tratando a questão há consenso entre os membros do NDE e do corpo docente, de que tal questão não seja necessária de abordagem específica no curso de psicologia.

A conclusão sobre este consenso se formula em função dos modos como o grupo (NDE) organizou a participação do coletivo de psicologia (professores e estudiosos do assunto) e revelou uma grade curricular pouco abrangente quanto a discussão de tais questões. Mantendo o mesmo padrão anterior ao PPC que inaugurou o curso de psicologia na instituição, no caso, a UFRB.

Quando posta em discussão a viabilidade e necessidade da questão há a recorrência pelos professores de que tal importância está contemplada no primeiro ciclo do curso - Bacharelado Interdisciplinar em Saúde (BIS) - o qual possui ementa voltada para a discussão da questão.

Com esta mudança do curso de psicologia da UFRB a partir da entrada única pelo BIS, em 2014, houve uma mínima alteração positiva para a formação do psicólogo no acesso aos fundamentos importantes para o trabalho no campo da saúde e educação considerando que a compreensão e domínio sobre formação do povo brasileiro deveria ser primordial e inquestionável.

Mas é importante considerar que a discussão não se fez no interior do curso, estudiosos e professores da psicologia. Ponto que reflete a imaturidade do conjunto estrutural do psicólogo/professor responsável por pensar a formação do psicólogo no Recôncavo da Bahia, no nordeste e também no Brasil; no caso os NDEs.

Em termos formais, a Lei de Diretrizes e Base da Educação (LDB) no Brasil foi alterada a partir das Leis 10.639/03 e 11.645/08.

Porém nem educadores formais do campo da educação e tampouco psicólogos professores reconhecem estas modificações estruturais da LDB para a construção de projeto político pedagógico alinhado aos anseios do conjunto social do país. Principalmente porque a Lei 10.639/03 bem como a Lei 11.645/08 são legislações oriundas de lutas políticas travadas pelos movimentos sociais há mais de meio século[8] e o cenário de discussão politico administrativo da noção de país, educação e saúde que queremos - os brasileiros enquanto conjunto social totalitário, no sentido de sua representação e legitimação social.

No mesmo sentido, no período compreendido da pesquisa, o Núcleo Docente Estruturante, instância do Colegiado do Curso de Psicologia responsável por organizar e promover as alterações curriculares necessárias para melhor adequação da realidade da universidade, sua população e as exigências de formação específica da ciência psicológica, não era composto por algum docente que discutisse em suas atividades de pesquisa e em seu perfil de formação ao longo dos anos qualquer referência próxima as questões étnicas e raciais, importantes para o contexto dos alunos nesta universidade, bem como para o contexto local e regional onde a instituição se encontra.[9]

Esta falta de diálogo com a realidade específica do local geográfico

---

8 Estamos considerando a emergência do movimento negro, a partir da década de quarenta, iniciados no Brasil sob o eflúvio dos movimentos civis nos EUA, os quais referendaram políticas sociais em todo contexto mundial. No Brasil, tais reinvindicações, assim como nas Américas, com exceção dos EUA e Canadá, tais lutas foram oprimidas pelos regimes militares durante o período de 1960 a 1988. A retomada explícita de tais lutas será encampada a partir da nova constituição brasileira e toda decorrência do que temos visto hoje, incluindo a isto o surgimento da UFRB.

9 Estes dados foram coletados a partir de informações de acesso público quando da composição do Colegiado de Psicologia. Buscou-se com o coordenador do colegiado de psicologia os nomes dos docentes que faziam parte do NDE - núcleo docente estruturante e a partir disto realizou-se pesquisa, via plataforma lattes, do perfil de formação dos componentes do núcleo. Por outro lado, a Prograd - Pró Reitoria de graduação informou que a legislação do MEC para composição do NDE informa que qualquer docente do curso de graduação poderá participar. No entanto, no curso de psicologia, a pesquisadora, única do curso que investiga questões étnico raciais, sempre teve dificuldades em saber das datas das reuniões do NDE para participação, muito embora em duas gestões diferentes do Colegiado do Curso tenha manifestado formalmente o interesse em sua participação.

desta universidade, bem como o desprezo às condições de formação da população brasileira em seu contingente maior (a população negra conforme IBGE 2010), é representativa da formação do psicólogo brasileiro em diferentes contextos regionais e locais.

Os docentes que compõem os cursos de psicologia no Brasil e também na universidade estudada, em geral, não possuem formação que considere relevante questões étnico-raciais.

O corpo docente do curso de psicologia era na época formado por 38% de Professores Doutores e 62% de Mestres, sendo que não havia no curso nenhum professor exclusivamente especialista ou apenas graduado.

Embora a qualidade de formação do corpo docente fosse significativa, esta condição não era fator relevante suficiente para a abordagem étnica-racial no currículo desta universidade.

Os docentes tendo obtido seu mestrado e doutorado em diferentes regiões do país (São Paulo, Rio de Janeiro, Minas Gerais, Rio Grande do Sul, Bahia, Paraíba), em nada traziam diferencial para a consideração da importância da questão étnica diante do contexto da população acadêmica - alunos e comunidade. Por outro lado, se isto é reflexo da formação do psicólogo brasileiro no contexto do país, por outro lado, a falta de "vontade política" dos docentes em procurar compreender tais questões figurava-se também muito evidente, considerando as formas de manejo e atenção frente as atividades do NDE e atividades gerais realizadas no contexto da universidade e sua população.

Algumas falas dos alunos participantes do estudo são representativas deste "alheamento" ético-político do sentido das práticas dos docentes deste contexto universitário:

> Eu gostaria de estudar as razões do porque os participantes do CAPS são em grande parte negros e não há nenhuma consideração sobre isto...Minha professora diz que acha esta observação importante, mas que não entende deste campo de estudo e que por isto prefere apenas considerar o que está no âmbito de sua formação (C.R., estudante de psicologia, 17 anos).
>
> A minha monografia de pesquisa era sobre identidade da criança negra. Mas o professor disse que era melhor eu procurar alguém da educação para trabalhar

> este tema. Porque na psicologia esta questão é valida, mas seria melhor mudar de tema porque não existe muita coisa (E.M., estudante de psicologia 21 anos).

Em ambos os relatos os estudantes da pesquisa, referem certa indisponibilidade dos docentes em atentar-se para a importância da investigação, abordagem e interesse pela questão.

Na instituição pesquisada, existe uma Pró-Reitoria de Ações Afirmativas e Assuntos Estudantis- Propaae, responsável por organizar inúmeras atividades e políticas referentes a inclusão, permanência na universidades e desenvolvimento do público estudantil mediante questões de eixo cultural, histórico, étnico e racial.

Nos programas de projetos de ensino, pesquisa e extensão financiados e apoiados pela Propaae, no ano de 2010, no Centro de Ciências da Saúde, foram aprovados 26 projetos de diferentes modalidades e eixos temáticos.[10]

Os professores com formação em psicologia que protagonizaram projetos de ensino, pesquisa ou extensão foram em torno de sete.

Desse grupo, seis eram professores da graduação em psicologia e um professor do curso bacharelado interdisciplinar em saúde.

Dos projetos aprovados por este grupo de docentes, apenas dois referiam-se a ações diretamente voltadas à população negra majoritariamente presente no contexto local e regional universitário. Desses dois projetos, ambos eram coordenados pelo mesmo docente, o que significa compreender que no período de 2010 a 2012 apenas um professor pretendeu discutir a questão étnica e racial no contexto específico da psicologia.

Comparativamente aos demais campos do conhecimento presentes neste contexto universitário e os projetos protagonizados por outros docentes, o número de investigações e trabalhos que apresentam a questão étnica e racial diretamente relacionada a proposta de trabalho também foi inexpressivo: dos dezenove projetos aprovados dos demais cursos de graduação, apenas quatro propunham desenvolver

10 Análise de documentos da Pró-Reitoria de Ações Afirmativas da Universidade Federal do Recôncavo da Bahia e Gestão de Ações Afirmativas do Campus Ciências da Saúde.

atividades diretamente focadas para a população negra. No entanto, os campos do conhecimento distintos da psicologia demonstraram melhor integração, por parte do coletivo docente em discutir tais questões, tendo em vista que dos quatro projetos, dois da área da enfermagem e dois da área de nutrição eram compostos por uma equipe de dois a três integrantes. Isto denota que do ponto de vista da inserção de conhecimentos nos cursos de graduação de enfermagem e nutrição há maiores possibilidades de formação efetiva do aluno, considerando que, pelo menos dois ou três docentes estão trabalhando em conjunto com alunos sobre temas que envolvem questões raciais diretamente voltados para a população negra da diáspora africana. Em relação a psicologia, apenas um professor encampou duas propostas diretamente voltadas para a população afro-brasileira, sem a interlocução com pares docentes, sobre a validade ou "não" das reflexões inerentes ao processo de pesquisa, ensino ou extensão.

É importante considerar que os demais projetos aprovados pela pró-reitoria de ações afirmativas e assuntos estudantis da universidade pesquisada, são relevantes para a interdisciplinariedade e contextualizações sobre a dimensão étnica e racial da população local e regional da área de abrangência das ações universitárias - tanto no âmbito formativo do aluno, que vem de diferentes cidades do Recôncavo da Bahia e interior adentro da Bahia, como da população habitante nestas regiões. No entanto, quisemos ressaltar que os impactos diretos de transformação cultural destes contextos estão estritamente ligados a dimensão de formação e reconhecimento identitário desta população - estudantes negros e não negros e habitantes das localidades que percebem o contexto de trabalho da universidade ou se beneficiam das ações realizadas por ela na região; a qual é densamente povoada de afro-descendentes.

Embora o período de pesquisa considerado não inclua os projetos de ensino, pesquisa e extensão apoiados pela pró-reitoria de ações afirmativas e assuntos estudantis o ano de 2008, observamos neste período que o Centro de Ciências da Saúde apresentou seis projetos, todos protagonizados por docentes do curso de psicologia. No entanto, destes projetos, nenhum deles abordava direta ou indiretamente questões voltadas para a dimensão étnico-racial inerente ao contexto de público e população da universidade e seu entorno.

A discussão acima também esclarece as dificuldades do alunato negro considerar-se apto e livre para protagonizar-se como pertencente legítimo do cenário acadêmico.

Historicamente, como observamos, não há interesse político de nenhum campo escolar, seja no nível inicial da formação do aluno, seja nos anos de formação superior, em promover direcionamentos capazes de representar de modo consistente a população da diáspora africana nas diferentes regiões do país.

A diáspora africana, embora densamente presente na localidade estudada, razão inclusive da implantação do equipamento educacional de ensino público superior a partir das lutas e movimentos sociais protagonizados pela população negra, é desconsiderada por aqueles que deveriam embasar os trabalhos específicos da formação integral do aluno no nível superior e das ações pertinentes destes - enquanto estagiários e ou agentes produtores e reprodutores do conhecimento - no âmbito da comunidade geral.

Os professores e a instituição enquanto direção e gestão política e administrativa, embora cientes formalmente das características de seu público interno - alunos e externo - comunidade, não agem de modo a considerar esta característica central. As formas de abordar o conhecimento é ainda no nível das matrizes tradicionais da formação do Brasil colonizado, inclusive nos modos de pensar "o" e a transmissão "do"conhecimento.

Acreditamos ser relevante considerar através dos resultados parciais da pesquisa, que uma formação docente para a educação das relações étnico-raciais no Brasil, principalmente nos contextos de grande contingente pertencente a diáspora africana seja primordial para alavancar o processo de reconhecimento da identidade negra nos jovens que compõem o cenário acadêmico e que demonstram - como veremos a seguir - certa indecisão, vergonha e alienação em relação a sua origem étnico-racial, bem como promover efetivamente o compromisso ético e político da formação deste futuro profissional, com população milenarmente excluída das condições de valor e representação social positiva, não só no Brasil, mas também no mundo.

Sob tal perspectiva, salientamos que tal necessidade não é apenas política no plano de formação do aluno, a qual deve fazer-se em todos os campos de formação universitária e do ensino regular obrigatório por lei, mas condição *sinequanon* do processo de formação do profissional de saúde mental, ou seja: o psicólogo e também o médico psiquiatra, o enfermeiro, o assistente social, dentre outros, mas em perspectiva mais específica deste texto, o psicólogo.

As questões afetas aos processos de formação da identidade é condição de conhecimento e atuação (prevenção, fortalecimento, bem estar), do profissional de saúde e em específico do profissional de saúde psicológica e mental.

O psicólogo brasileiro é formado para atuar em equipamentos públicos e privados de saúde: física e mental. Aliado também aos trabalhos desenvolvimentos em equipamentos e setores de serviços voltados para diferentes níveis de atuação em educação.

Assim sendo, a região do Recôncavo da Bahia, contexto específico da diáspora africana, necessita criar e protagonizar reflexão crítica sobre os modos de *pensar, ser e agir,* da Universidade e seus agentes que a realizam.

É preciso audácia e ousadia para favorecer a mudança de paradigmas na formação do psicólogo frente os desafios do presente não só nas formas objetivas e políticas das circunstâncias - vez que a condição formal de alteração das condições da presença negra na universidade pública e federal está legalmente garantida - mas também e agora principalmente nos modos subjetivos e não formais de inserção do jovem negro do contexto da diáspora no mundo do conhecimento formal.

Considerar a historicidade deste jovem, as alianças que ele e seus pares estabelecem com o contexto, tornar visível a representação de suas falas, de seus ascendentes, promovendo o intercambio cultural entre os diferentes. Protagonizando uma universidade com linguagem própria e autônoma, com a coragem de fazer-se a partir de suas próprias condições étnico-raciais e culturais, rompendo com um modelo de formação etilista, branco, eurocêntrico, impregnado nos valores do *"saber epistemológico"* da ciência.

Este rompimento cultural com a hegemonia branca mundial - *wasp (branco, americano, homem e protestante),* e com o passado da origem do colonizador, deve ser ação cotidiana na formação do próprio professor universitário do contexto da diáspora - ele deve ser promovido e levado a fazer parte de cursos de formação específica para trabalhar com as demandas deste alunato e desta comunidade extensa ao entorno local e regional da universidade. Este rompimento cultural com esta hegemonia incrustrada em sua formação epistemológica, social e humana levará a melhores processos de autonomia, saúde mental e consistência na formação de identidade desta população - granduandos de psicologia e comunidade extensa - a qual poderá ser referência importante no cenário nacional para a consolidação de ações viáveis para toda a sociedade brasileira.

Romper com as velhas estruturas e concepções do passado para permitir e favorecer o nascimento do novo.

Os gregos descobriram, possivelmente por Sócrates (ARENDT, 2001), que a esfera política não propiciava necessariamente as atividades superiores do homem, mas que tais atividades superiores advinham de um princípio que governa a *polis* - as cidades. Sócrates adotou a *vita activa* como seu caminho, ou seja, a vida humana na medida em que se empenha ativamente em fazer algo, tem raízes permanentes num mundo de homens ou de coisas feitas pelos homens. Ele jamais se entregou ao trabalho de dar forma escrita a seus pensamentos: por mais que um pensador se preocupe com a eternidade, no instante em que se dispõe escrever os seus pensamentos deixa de estar fundamentalmente preocupado com a eternidade e volta a sua atenção para a tarefa de legar aos pósteros algum vestígio deles. (ARENDT, 2001, p. 28). No entanto, a *vita activa* não é oposta a *vita contemplativa,* as quais foram separadas no pensamento medieval e cristão.

Sob tal incursão o professor do ensino superior nos contextos da diáspora, e em específico, o professor do curso de psicologia, necessita contemplar o seu contexto e entorno. Tornar sua vida ativa - seu agir e seu fazer testemunhado pela presença de outros humanos, labor, trabalho, ação - para que, para além da política, transforme, de modo virtuoso, as experiências de vida destes sujeitos. Caráter imortal das ações humanas sobre os contextos.

A formação do psicólogo no contexto da diáspora

A condição por nós acima relatada - o pensamento hegemônico de ausência do valor das culturas não ocidentais e não cristãs - é condição produtora de sentimento de inadequação social, medo, negação da identidade negra e vergonha de autodeclarar-se beneficiário das políticas de acesso e permanência através da PROPAAE, por estudantes de ascendência negra no contexto estudado.

Do grupo de estudantes participantes da pesquisa, vários foram os que procuraram não informar ou omitir que dependiam dos recursos (bolsas de diferentes modalidades: auxílio moradia, auxílio deslocamento, auxilio alimentação, entre outros) da universidade (PROPAAE).

Observou-se também que a negação da condição de aluno beneficiário das políticas de cotas sociais e raciais era mais prevalente nos alunos que estavam cursando os primeiros semestres do curso de psicologia (quarto e quinto semestres).

Neste grupo de estudantes (80% da amostra), nenhum estava engajado em projetos de pesquisa, ensino ou extensão que tratasse sobre a dimensão étnico-racial da população negra.

Desse mesmo grupo de estudantes (35%), referiam interesse em participar de projeto que tratasse sobre questões voltadas à população negra do Recôncavo. No entanto quando questionados sobre o "porque" de não procurarem tal engajamento, referiam falta de tempo e muitas atividades obrigatórias para realizar durante o curso de psicologia.

Um único aluno deste grupo inscreveu-se em projeto específico sobre diagnóstico psicológico infantil e relações étnico-raciais. Ele frequentou a atividade de pesquisa durante onze meses.

Com desempenho formal e assiduidade satisfatória o mesmo foi convocado por seu orientador para apresentar em painel o trabalho desenvolvido ao longo de dois semestres. O aluno a princípio demonstrou satisfação e vontade de expor o seu trabalho. Na sequência dos contatos com o professor e a menos de uma semana para apresentação do trabalho o mesmo declinou por não apresentar o produto, fazendo a comunicação com seu professor orientador por email.

Procurado pelo professor o mesmo comportou-se de modo agressivo e disse que não possuía condições de apresentar o trabalho, pois não sentia-se orientado adequadamente.

Após quase um ano de trabalhos desenvolvidos com o aluno e os sujeitos da pesquisa, o estudante não recebeu nenhum tipo de orientação ou advertência sobre sua forma de conduta, seus recursos (bolsa) não foram suspensos ou restringidos em função de explicitamente romper com as cláusulas e compromissos assumidos pelo aluno enquanto beneficiário de bolsa social.

Conforme informações buscadas no setor de orientação ao aluno, não houve nenhum tipo de registro formal ou orientação ao mesmo sobre as necessidades de esclarecimento do episódio.

Igualmente em relação ao professor não houve qualquer comunicação formal por parte do órgão que concede o apoio financeiro aos projetos aprovados através da concessão de bolsas aos alunos (gestão de ações afirmativas presente no campus local da universidade).

De modo geral, estes dados nos indicam que as políticas de ações afirmativas neste contexto, carecem de maior investimento humano por parte de professores e equipe técnica de gestão dos recursos concedidos.

Os recursos são concedidos, mas aparentemente, não há critérios formais para avaliar o desempenho do aluno. Nem a preocupação de fomentar a interlocução e o diálogo dos pares entre si: alunos, gestão de ações afirmativa, equipe técnica e professores.

Há grande distanciamento entre os poucos docentes que investem carga horária de trabalho dedicadas especificamente a alunos cotistas e as relações objetivas e formais do gestor e equipe técnica das políticas de ações afirmativas.

No período compreendido da pesquisa, no campus em que a atividade foi realizada, não houve nenhuma reunião, evento, seminário de formação, palestra ou conferência que fomentasse a relação dialógica entre professores do campus, alunos bolsista e não-bolsistas, equipe técnica e gestor de ações afirmativas.

Nesta época, houveram três gestões da PROPAAE no Centro de Ciências da Saúde. Em apenas uma das gestões o docente nomeado possuia alguma inserção formal, projeto de pesquisa, ensino ou extensão, com assuntos voltados às dimensões políticas e sociais pertinentes a população negra e relações étnicas e raciais. Esta função compreende cargo de confiança, hierarquicamente subordinado a Pró-Reitoria de Ações Afirmativas da universidade em questão.

Em que pese a formação do docente gestor na unidade *campi* universitário, é inegável que todos os campos do conhecimento são importantes para o desenvolvimento geral do alunato e da comunidade extensa à universidade.

Nossa crítica não recai apenas na dimensão da questão racial, cientes que somos que as desigualdades e processos de exclusão atingem também outras populações que não somente a população negra.

No entanto é sabido que dentre os pobres, são os negros os mais pobres e tal circunstância não é fruto de um discurso de vitimização como gostariam e impuseram por algum tempo o preceito de intimidação de alguns intelectuais subjugando a validade das condições políticas de assegurar direitos e igualdade frente as desvantagens históricas protagonizadas pelo movimento negro no Brasil e no mundo (OLIVEIRA, 2012).

Estas condições são parte de pesquisas hoje importantes que referendam estudos sobre populações e direitos sociais.

Assim sendo, é preciso refletir os modos como os direitos e garantias sociais conquistados legalmente pelos brasileiros negros, serão geridos por órgãos, instâncias sociais e pessoas, os quais podem em alguma medida por em desprestígio, as condições futuras de bem estar de gerações vindouras.

É importante frisar que as políticas de ações afirmativas não são eternas. Elas estão por um período determinado. Porém é importante que durante este período os recursos sejam geridos de modo a proporcionar a efetiva conscientização do alunato negro e branco, indígena e outro. É necessário buscar a compreensão da defasagem histórica e promover o debate aberto no contexto que demonstra-se favorável não só a população negra de estudantes universitários, mas também a população não negra que se utiliza das cotas sociais de ação afirmativa, as quais são frutos de uma luta comum por igualdade.

Isto nos leva a considerar que o protesto negro é um fantástico fermento revolucionário e que estimular a separação entre raças e classes é o jogo da classe dominante, das elites, e dos detentores dos meios de produção capitalista e neoliberalista. Adentrar a consideração étnica e racial para o interior do conflito de luta geral por cidadania, igualdade e direitos sociais é impulsionar fortemente e de modo instrumentalizado a transformação da sociedade brasileira. Possibilitar que o impulso igualitário e democrático do negro atravesse as classes econômicas e leve, aos movimentos sociais e políticos, ao protagonismo da liberação dos excluídos a partir de seus postos de poder e de comando (FERNANDES, 1989, p. 97).

O empoderamento dos humildes, a força do tempo lento dos "fracos": a conquista da revolução.[11]

Enquanto isto, o que vemos é, conforme dados da pesquisa, um certo inativismo e descaso com a *res pública* a fim de empregar o sentido dado por Hanna Arendt "tão admiravelmente resumido na fórmula de Tertuliano: *nec ulla magis res aliena quam publica* - nada nos é mais alheio que o que tem importância pública" (ARENDT, 2001, p. 84).

Os recursos existentes para as ações e financiamentos públicos dos projetos de pesquisa, ensino e extensão vinculados aos bolsistas de cotas sociais e raciais no ambiente pesquisado são dispendidos à população.

No entanto, as formas de gerenciamento e cuidado com tais recursos, não são observáveis do ponto de vista objetivo.

Não há investimento na formação do corpo docente para empreender ações em parceria com os princípios das propostas de ações afirmativas da universidade.

Os alunos, em contrapartida, ao que parece, não são instigados a buscar no ambiente universitário os espaços de discussão sobre as desigualdades políticas, sociais e raciais inerentes a função e articulações do ambiente acadêmico.

Eles são capazes de protagonizar a utilização de recursos para viagens a eventos e congressos, ajuda de custo de diferentes ordens de necessidade, mas não são convidados ou cobrados a fornecer a contrapartida na apresentação de suas produções oriundas da utilização de tais recursos.

O benefício é um direito legal, no entanto não é um direito individual de cada sujeito. O benefício estendido a um equivale ao desenvol-

---

11 No livro Técnica, espaço e tempo de Milton Santos, 1998, há um capítulo intitulado "Metrópole: A força dos fracos é seu tempo lento". Neste texto, bem como em todo este livro ele nos revela os dinamismos das revoluções sociais protagonizadas pelos "de baixo".

vimento de uma coletividade, a qual deve ser também beneficiada com a liberação do recurso destinado a um componente do grupo.

A consciência coletiva, o papel social da lei, a dimensão do gerenciamento da "coisa pública" é relegado. Apropriado, explorado como moeda única pertencente a um único sujeito. Sujeito este que, como vimos, não resguarda tal benefício para o esclarecimento e desenvolvimento da coletividade.

Esta crítica também recai nos modos de utilização do apoio aos projetos coordenados pelos docentes. Por que em nenhum momento, no contexto de avaliação das observações, foram convidados a (re) conhecer as demandas, defasagens, histórias de vida e cultura dos alunos que se interessam por seus projetos e público comunitário que participam de suas atividades, pelo órgão gestor?

As implicações destas formas de sociabilidades presentes somadas aos processos de escolarização na infância e adolescência destes jovens universitários, bem como suas histórias singulares de vida, produzem subjetividades específicas, modulações de identidades, formas de pensar, ser e sentir da população da diáspora e como estes, mediados pelos "outros", constroem a noção de si mesmos.

Formação do psicólogo e identidade

O processo de construção de identidade é complexo. Em se tratando do campo da ciência psicológica, a complexidade maior se instaura na ausência de discussão - silêncio - sobre a condição de formação étnica e racial da população brasileira.

Os processos de assimilação são diante deste contexto indiretamente incentivados, colocando a definição da identidade do jovem estudante de psicologia a mercê daquilo que é coletivamente aceito como adequado e digno de ser considerado (lembremo-nos das falas de dois estudantes sobre seus interesses de estudos).

A formação da identidade é processo complexo porque se inscreve no âmbito das vivências do sujeito com seus pares imediatos - família e entes mais próximos e queridos - e também com seus pares coletivos - sociedade, escola, entorno e movimentos midiáticos.

A identidade é também memória, porque é a interpretação que o sujeito faz sobre sua vida, relacionando-se à história social de um povo, sociedade ou grupo.

A identidade é teia de relações sociais que constituem o sujeito, trazendo a especificidade da relação subjetiva deste com o contexto histórico e social.

Deste modo, assim como na antropologia e a sociologia, a psicologia social formula as bases de consideração sobre identidade, priorizando a abordagem subjetiva, através da narrativa do sujeito, alocando-o em um contexto macro de interpretação social. O sujeito é uma ponte que leva, necessariamente, ao encontro com a interpretação da cultura, da história e do contexto.

Ao estudar identidade a abordagem do sujeito possibilita o deslocamento das intenções pessoais e individuais para a visualização da sociedade, considerando o cotidiano do sujeito fortemente determinado pelas condições sociais materiais, porém com um traço forte de possibilidades de transformações sociais que partem a priori do próprio sujeito ao fazer a interpretação do social em sua vivência na cultura e na sociedade. Ao abordar a sociedade, o estudo de identidade, remete a considerar que para saber da sociedade é preciso redirecionar o olhar para o sujeito em sua imbricada rede de manifestações de vida - material, emocional, afetiva, espiritual, entre outras. Circunstância na qual o sujeito passa a ser o agente de transformação não só de sua própria realidade, mas da realidade do social (SOUZA, 2003, p.61).

Sendo assim, ao observarmos as vivências, falas e breves relatos de histórias de vida de estudantes de psicologia em universidade localizada em área densamente povoada de africanos brasileiros[12] conside-

12 A expressão utilizada refere-se aos modos como os movimentos sociais e dos direitos civis nos EUA protagonizaram a condição da população negra observar que não eram africanos em si, mas também não eram apenas americanos. A expressão afroamericano é em geral preterida e substituída pela expressão *african american* - africano americano - denotando os frutos do desenvolvimento social da consciência política e subjetiva do movimento negro e luta pela igualdade e direitos civis na América enquanto legítima representação da Diáspora Negra no mundo. No Brasil, a expressão não é utilizada. Estamos grifando e cunhando esta expressão como desejo de que algum dia esta expressão política e subjetiva possa fazer parte do contexto da diáspora negra no Brasil.

ramos que a formação da identidade do aluno de psicologia é precária em termos políticos e sociais quando se trata de considerar a realidade efetiva do contexto brasileiro e de seu contexto de pertencimento e atuação acadêmica frente ao entorno e relações universitárias.

No mesmo sentido sua condição pessoal e subjetiva em termos de origem, classe social, pertencimento étnico é pouco ou quase nada considerada pelos agentes de transmissão social educacional - professores e gestores em educação; ao menos no *campi* universitário foco de nossos estudos.

Os estudantes acompanhados no estudo durante a trajetória de quase três anos demonstraram ambiguidades em relação a seu pertencimento social e racial.

A maior parte dos estudantes brancos e/ou de pele clara que possuíam bolsas PROPAAE no curso de psicologia, raramente informavam a seus professores que possuíam tais bolsas. Apenas em situações específicas e formais é que os mesmos acabavam "revelando" suas condições de cotistas.

Houve casos em que aqueles que possuíam bolsa social e que possuíam pele negra e/ou escura, do curso de psicologia procuravam afastar-se dos colegas também cotistas negros e de aparência mais simples. Aparentemente havia uma espécie de separação entre os negros cotistas, visto que em geral, os vinculados ao curso de psicologia, procuravam afastar-se de qualquer questão voltada a dimensão racial. No mesmo sentido, pertencer ao seguimento negro, ser cotista e possuir aparência mais aceitável na ordem do trânsito e ambiente acadêmico - roupas, posturas, forma de falar e de agir - é motivo também de desqualificação social ou moral entre estudantes de psicologia negros e não negros em relação ao colega negro cotista de "perfil estético mais aceitável socialmente" (os negros considerados bonitos e arrumados).

Alguns episódios são bem ilustrativos:

Episódio A - Um estudante negro cotista tomou a palavra em uma assembleia universitária a qual discutia as propostas para as eleições do novo reitor. Este estudante possuia uma forma de falar relativamente precária, com certas dificuldades em conjugar o português e se expressar de modo mais refinado como convém ao ambiente acadêmico.

Ele protagonizou questões voltadas aos cotistas e a questão negra, questionando as razões pelas quais a universidade não fomentava de modo mais efetivo as responsabilidades dos bolsistas frente a questão de vinculação étnico racial e também dos professores alheios a questão.

No momento em que este colega aproximou-se do microfone três de seus colegas de curso, porém não colegas de convivência próxima e trocas sociais mais íntimas, como aqueles que poderiam ser denominados amigos, começaram a rir e esconderam-se na cadeira quando o mesmo começou falar de questões raciais e a condição dos cotistas do Centro de Ciências da Saúde.

Episódio B - Uma estudante de psicologia, negra, com desempenho pouco satisfatório nas pesquisas com sua professora orientadora de referência foi chamada a atenção sobre a necessidade de maior empenho e dedicação aos trabalhos e à bolsa de estudo. A docente relatou a pesquisadora que preocupava-se com esta aluna, pois a mesma era inteligente, possuía condições excelentes de desenvolver seus trabalhos e no entanto sempre os resultados estavam aquém de sua condição, expectativa e empenho da docente em relação a esta aluna. A pesquisadora questionou a docente sobre sua opinião a respeito destes fatos e a docente disse: Eu não sei. Eu vejo que os alunos da Propaae tem problemas. Eles são bons. Sabem das coisas. Mas não conseguem avançar como poderiam. Não sei se eles sofrem preconceito... Mas em relação a esta menina eu fico mais preocupada porque ela é bonita, inteligente, bem arrumada e os colegas falam muito dela e referem-se a ela de maneira pejorativa. Eles dizem "Olha só, lá vem a patricinha frustrada"- ....o protótipo de patricinha já chegou?!". A pesquisadora questionou: patricinha?! Como assim? A docente explicou: É que os outros alunos acham ela muito metida. Ela é cotista, mas ela tem um tio que a ajuda a cursar a universidade e o tio dá moto e carro pra ela. Então ela aparece bem vestida, bem arrumada, dirige um carro legal e de vez em quando aparece de motocicleta. Então os colegas a chamam de "patricinha frustrada", porque eles acham que ela quer ser "patricinha", mas nunca será porque ela é cotista. Eu acho que isto tem um efeito negativo sobre ela, porque ela na minha opinião nunca chega no nível da capacidade dela, que vejo nela quando esta sozinha comigo em orientação...

Estes dois exemplos mostram as ambiguidades relacionais do ambiente no que diz respeito aos estudantes negros e o pertencimento a políticas de ação afirmativa no contexto universitário.

No mesmo sentido, não há uma reciprocidade e respeito àqueles que protagonizam ações que são diferenciais no contexto da diáspora negra na universidade. Em que pese as peculiaridades de cada episódio, ambos demonstram o desconforto que o ambiente social tem na presença de negros que se destacam por sua conduta. Seja por protagonizar uma fala questionadora do contexto em si ainda que com dificuldade formal (o aluno possuía precariedade no uso do vocabulário português), seja por apresentar-se como bonito, bem arrumado, portador dos bens materiais que as elites universitárias ostentam (carro, moto, roupas, assessórios).

Há uma negação geral em aceitar a presença do negro e também do "pobre excluído" no ambiente universitário.

As relações de desigualdade e diversidade não são aceitas. Há mecanismos de exclusão e segregação que fazem com que o estudante negro e/ou das camadas populares prefira identificar-se e tomar para si um discurso e uma atitude mental e social de desvinculação a temas questionadores.

Nos alunos da psicologia este caráter foi mais notório e evidente. Embora nossa amostra privilegiasse ao estudantes de psicologia, no contexto de observação estavam presentes também estudantes de outros cursos de graduação. A vinculação a temas sociais em outros cursos era mais presente e interessada. Já no curso de psicologia observamos um franco alheamento a questão pela maior parte do grupo de estudantes durante o período do estudo.

Também observou-se que a temática negra, no que ser refere a formação subjetiva, estudos sobre identidade, interesse sobre a questão no campo do ensino, da pesquisa e da extensão eram geralmente encampados por estudantes de psicologia aparentemente não negros, visto que no contexto possuíam pele clara e traços mais condizentes ao padrão estético branco.

Por outro lado ao longo do estudo compreendeu-se que alguns destes estudantes eram realmente de origem não negra. Mas que muitos pertenciam ao seguimento étnico racial negro sendo filhos de mulheres negras com homens brancos ou homens negros com mulheres brancas, ou qualquer origem familiar negra, mesmo que não tão próxima.

Sob tal aspecto consideramos que para a formação de identidade do profissional de psicologia e a dimensão étnica racial no contexto brasileiro é de forte tensão, caráter conflitivo e de violência subjetiva.

Para Michel Wieviorka, na sociologia do conflito, a violência é resultado do não diálogo, da omissão, da não conversação entre as instâncias sociais. Para ele, na França e no mundo contemporâneo, a violência é fenômeno que incide principalmente em sociedades onde o diálogo não se apresentou. Enquanto houver conflito, enquanto houver tensão, a condição da violência - ausência de diálogo - não se estabelece (WIEVIORKA, 2006).

Sendo assim, a tensão e o conflito são importantes elementos presenciais das relações entre universitários negros e não negros no contexto acadêmico. Assim como a dimensão do silêncio e não abordagem das questões pertinentes a população da diáspora negra no cenário da psicologia por parte dos professores, pesquisadores da psicologia e currículo da ciência formativa dos psicólogos é sintoma e fenômeno de grande incidência e promoção de violência para o contexto e para as pessoas. Para as coletividades e para os indivíduos negros e não negros.

O silêncio - na ausência de interesse pela formação adequada no âmbito das relações raciais nos currículos de psicologia - é então protagonista da violência racial presente no contexto da diáspora africana no Brasil. Defasagem que a ciência psicológica não consegue ainda superar e no contexto do estudo não dá mostras de melhor arrazoado para a superação ou avanços frente a questão de modo mais objetivo: projetos de pesquisa, envolvimento de docentes, reconhecimento da importância do estudo enquanto campo formador da ciência psicológica e não como elemento específico da formação de alguns pesquisadores interessados.

A dificuldade do diálogo e da manutenção da violência do racismo no ambiente da diáspora africana no contexto brasileiro se inscreve pela lógica de que o assunto é caráter de discussão para especialista.

Se há pessoas e profissionais altamente capacitados para discutir a questão, há a necessidade da sociedade brasileira admitir sobre a necessidade de se interessar e compreender a questão. Não se trata de "assunto de negro". Trata-se de assunto de todo o contexto da população do Brasil.

E neste sentido, o silêncio da psicologia brasileira, a despeito do que fazem os americanos (MUNANGA, 2000) é emblemático da violência do racismo impressa nas formas de ser, pensar e agir do contexto brasileiro que ressignifica e perpetua o mito da igualdade racial.

Esta mitologia impressa no psiquismo dos indivíduos brasileiros - dos estudantes de psicologia - faz com que se perpetue a negação da tentativa de compreender esta problemática de negros e brancos.

Podemos compreender de modo raso as razões pelas quais os colegas cotistas daquele jovem negro que questionou o sistema universitário na campanha de eleição do reitor foi por um momento ridicularizado por seus pares, que talvez, tenham um misto de ambiguidade frente a condição de ser cotista de escola pública e negro. No mesmo sentido as razões pelas quais os estudantes cotistas e não cotistas perseguem com atributos pejorativos a menina negra bonita, inteligente e bem posicionada, com seu automóvel zero fornecido pelo tio.

Em outras considerações empíricas sobre identidade e formação do psicólogo poderíamos reunir outros exemplos de como estes movimentos subjetivos nos modos de ser e considerar das pessoas e do ambiente coletivo afetam a condição do universitário de psicologia.

No entanto estes exemplos selecionados são reflexivos da condição da emergência da importância da questão para o campo formativo da psicologia e para os sujeitos em geral.

No contexto estudado, a observação é a presença da diáspora negra. Tanto a universidade é composta por alunos negros, em menor medida na psicologia se considerarmos a tonalidade clara da pele, mas presentes, como a população do entorno universitário também é negra. Majoritariamente negra. Na cultura, na forma de ser e de sentir-se pertencente a seguimento social, econômico e racial desvalorizado socialmente.

Assim sendo a formação do psicólogo deve necessariamente passar por currículo que favoreça a análise, discussão e sensibilidade para a questão. A fim de combater e prevenir fenômenos de violências psíquicas as quais produzem o adoecimento social em suas mais diferentes instâncias.

O psiquismo humano é formado pela mediação emocional através da dialética entre subjetividade e objetividade. Ou seja, a realidade objetiva vivida pelo indivíduo se torna subjetiva, a qual por sua vez se objetivará por meio de suas ações, sendo as categorias que constituem o psiquismo humano a atividade, a consciência e a personalidade/identidade, que se desenvolvem pela mediação da linguagem e do pensamento (LANE, 1995, p. 55).

Para o estudante negro de psicologia deste contexto, acreditamos que a mediação emocional está a cargo de suas vivências objetivas de exclusão, violência psíquica do racismo vivida ao longo de seu desenvolvimento psico-emocional enquanto sujeito humano e negro no contexto social e que se tornam prevalentes e mais ambíguas no contexto da universidade. Neste contexto de instabilidade emocional, no qual o aluno negro deve inserir-se e integrar-se com seus pares iguais e professores, há mais favorecimento da manutenção das condições de desvalor a condição negra do que a afirmação de sua vivência objetiva enquanto fortalecimento de sua condição originária. Sob tal aspecto as emoções são a origem da consciência e o sentir-se diferente e/ou pouco valorizado socialmente favorecer o despertar de uma sensibilidade psíquica que conflitiva que sofre com a realidade objetivamente percebida.

A este jovem cabem dois caminhos distintos: aliar-se a este sentimento enquanto caráter de negação de si das mais diferentes formas ou vincular-se as dimensões éticas de transformação de sua condição objetiva pela própria força da conjuntura social e mobilizando-se e adentrando as condições do sentir - emoção/consciência de si - para fortalecer sua identidade e projetos de vida.

Esta segunda possibilidade será mais plena se nos currículos de psicologia e na formação dos professores de psicologia encontrarmos melhores direcionamentos e convicções sobre a importância da presença de questões étnico raciais em nossa universidade principalmente nos cursos voltados a área do cuidado humano como a psicologia.

Em estudantes negros e pardos da Universidade Federal do Pará os mesmos revelam sobre a importância de desenvolver inúmeras medidas que fortaleçam no cenário universitário a dimensão étnico racial como forma de democratizar as instituições públicas de ensino superior. Para eles,

> a universidade e a sociedade têm um papel muito importante na afirmação das diferenças e no combate às

> desigualdades (...). É preciso levar essas discussões para os setores sociais, uma vez que práticas discriminatórias estão em todos os lugares, não ocorrendo somente com os negros, índios e mulatos, mas também com pessoas que assumem determinadas opiniões, orientações sexuais e escolhas (...). Não podemos deixar que usem as diferenças para justificar a falta de oportunidade que a sociedade elitista nega. (ANDERSON e JUNIOR et all, 2010, p. 88)

E ainda eles reiteram,

> Ainda se faz necessário desenvolver programas educativos de combate ao racismo e a discriminação de qualquer natureza de forma contínua, no sistema educacional, e que sejam implementadas políticas de ação afirmativas na área da educação como instrumento fundamental da promoção de igualdade. Para tanto, é necessário que essas políticas sejam discutidas e apresentadas de forma a combater discursos ideológicos vigentes que as resumem a puro assistencialismo governista e discriminação baseada na falta de intelectualidade dos menos favorecidos (ANDERSON e JUNIOR et all, 2010, p. 88).

Nós concordamos com eles e vamos mais além na dimensão de que a identidade do psicólogo passa pela formação profissional e é fundamental que ele fomente o respeito ao acesso democrático às formas de cuidados em saúde. Pois a psicologia enquanto campo de atuação privilegiado da saúde e da educação necessita no âmbito público e privado transformar efetivamente o acesso a saúde mental da população do Brasil. E o conhecimento e importância da dimensão racial na formação da identidade do povo brasileiro é o caminho chave para o desenvolvimento deste profissional face as representações do racismo presentes historicamente no coletivo social.

O SUS – sistema único de saúde – e o SUAS – sistema único de assistência social – são pós-constituição de 1988, representativos das necessidades de acesso a saúde plena e cidadania da população do Brasil. O psicólogo tem nestes dois âmbitos nacional papel fundamental de atuação, além de tantos outros campos de importante inserção profissional.

A sensibilidade dos profissionais, negros ou não, frente a questão e a compreensão e entendimento da importância de discutir, saber e valorizar os conhecimentos já consolidados nos estudos sobre o negro no Brasil, são de fundamental condição para a formação da identidade do profissional de psicologia. Isto especialmente no âmbito da formação básica do profissional de psicologia no Brasil. Hoje, mesmo que incipiente, há na pós-graduação brasileira *stricto e latu sensu* pessoas que vem se dedicando a oferecer tais condições para o aperfeiçoamento profissional na área de relações étnico raciais em diferentes campos do saber. A lacuna mais grave é na formação em graduação. Na ausência de um currículo mínimo de formação sobre a importância da temática para o profissional de psicologia.

Há na universidade estudada, no currículo do curso de graduação em psicologia, componentes curriculares voltados para a questão cultural e política do Brasil e as relações com a psicologia.

No entanto não há componente que dedique pauta exclusiva ao debate e compreensão mínima da importância dos estudos sobre o negro no Brasil no campo psicológica do aluno de graduação.

A lacuna e o silêncio são sintomáticos da formação e origem da psicologia no Brasil e atestam em nosso entendimento a precariedade da formação de base do profissional de psicologia, o qual não representa os anseios da condição da maior parte da população brasileira que estará a cargo destes profissionais formados em instituições públicas, como no caso do presente estudo, mas também em instituições privadas.

A inclusão deste tema bem legível e visível no currículo de graduação do psicólogo brasileiro consolidará a formação da identidade do psicólogo. Tirando-o da instabilidade de assunção de seu papel legítimo de resguardo da condição do desenvolvimento psíquico das pessoas.

Finalmente, a agenda de prioridades de pesquisa em saúde, atesta para a imprescindibilidade de abordar a saúde da população negra, a saúde mental de populações historicamente excluídas e discriminadas, bem como os agravos em saúde e violências que incidem diretamente e majoritariamente na população jovem e negra dos contextos periféricos do cenário brasileiro.

A identidade do psicólogo no Brasil deve por premissa atender a emergência dos estudos étnico-raciais no pilar fundamental da formação do psicólogo: formalmente em seu inicio, ou seja, já a partir da sua graduação.

Aspectos metodológicos

As considerações por nós trazidas representam parte das atividade realizadas durante dois anos e meio a partir de três grupos de estudantes. Cada grupo de estudantes foi composto por uma média de 4 alunos da graduação em psicologia, inseridos em atividades pertinentes a formação em psicologia em situação de pesquisa, ensino e extensão. O método de trabalho deriva da observação participante e pesquisa etnográfica no entorno e dentro do espaço universitário. Entrevistas dialogadas de história de vida - a partir da perspectiva da psicologia social - e algumas atividades acadêmicas formais destes alunos (seminários, apresentações orais e relatórios de estágios) ajudaram a compor o quadro metodológico. Neste aspecto a interação do pesquisador com o quadro docente favoreceu o acesso as observações de apresentações formais de trabalhos de alguns estudantes participantes do estudo. No mesmo sentido, o próprio pesquisador enquanto docente também promoveu atividades acadêmicas e diálogos temáticos que fomentaram a abertura do cotidiano dos alunos sobre seus temas acadêmicos.

O processo de acompanhamento deste grupo de alunos não foi homogêneo. Houve desistências de participantes dos três grupos de trabalho no decorrer do período da pesquisa. No entanto, no mesmo ritmo de desistência, haviam novos alunos que se incorporavam aos trabalhos e atividades de modo que a constância média de estudantes permaneceu estável.

As análises aqui trazidas representam parte do banco de dados levantados e prestam-se a refletir sobre a condição do diálogo e acesso à importância da dimensão étnico´-racial expressa na vida cotidiana do aluno de psicologia. Os estudantes participantes do estudo não eram todos negros ou pardos. Haviam pardos, negros e outros que consideravam-se brancos.

A intenção do estudo não privilegiou a necessidade da condição do estudante de psicologia pertencer ao grupo étnico-racial negro, mas havia a informação de que a participação no grupo estava vinculada ao interesse pela questão do estudante negro no espaço universitário, das pessoas negras no entorno da Universidade e da população negra enquanto componente majoritário na população brasileira. Neste sentido, os estudantes participantes do estudo eram de algum modo pertencentes ao segmento negro e pardo de forma direta ou indireta (filhos de casamentos interraciais e ou netos de pessoas de ascendência negra, muito embora na aparência estes jovens podem ser considerados muito claros e de padrões estéticos diferentes do grupo reconhecidamente negro ou pardo). Haviam também estudantes negros e pardos reconhecidamente em termos estéticos que se vincularam ao estudo. Uma parcela dos estudantes era pertencente ao grupo étnico racial branco. Embora considerassem que suas vinculações sociais e afetivas pertencessem a um direcionamento étnico-racial negro (parceiro afetivo, amigos e parentes distantes ou de "consideração").[13]

Uma ilustração da condição dos aspectos da população da pesquisa é interessante de ser observada no relato abaixo:

> Sujeito A
> "Eu não sei...Eu sei que não acho que minha mãe é negra. Eu sou mais clara do que ela. Mas não muito. Meu pai é branco. E minha certidão de nascimento está que eu sou parda. Mas eu não me sinto assim...Eu acho complicado..." (RF, 20 anos, estudante de psicologia, sexo feminino).

> Sujeito B
> "Agora a situação é que os brancos sentem vergonha de dizerem que são brancos. Porque agora no Brasil tudo é em torno disso. Vi-

13 A esse respeito a condição de considerar-se negro no Brasil é ainda muito peculiar. Alguns destes estudantes aparentavam serem brancos e consideravam-se brancos. Mas diziam em seus relatos que possuíam um parente distante negro. Outros diziam que tinham uma madrinha ou padrinho negro, ou pessoa de sua grande consideração que o criou, tão importante quanto os pais, avós e tios que consideravam da família.

rou uma polêmica. A razão é dos dois lados" (CE, negro, 27 anos, sexo masculino, graduado em pedagogia por instituição pública federal, estudante de psicologia).

De fato, no sujeito A, assim como em outros, a aparência física e estética não davam indícios claros de pertencimento racial ao grupo negro. A pele muito clara. Os cabelos sem nenhum sinal de características negras. Mas em alguns períodos notou-se o uso de produtos que alteravam a cor e a textura dos cabelos para mais lisos e menos ondulado. No mesmo sentido, sob tal aspecto, no sujeito B, consideramos que a fala acima possuí representações mais profundas do que a simples ideia racionalizada de uma polêmica de ambos os lados. Em ambos os casos (sujeito A e sujeito B), trata-se mais, ao contrário, da negação subjetiva de discutir seriamente a questão, de modo a promover posicionamentos definidos politicamente os quais são fruto de amadurecimento psíquico pautado em ações específicas voltadas para a transformação. Embora haja também a contrapartida desta situação pois que nem sempre um engajamento político está eticamente apto a realizar a condição da reflexão crítica e dialética diante da complexidade do racismo, da negação da história e da necessidade do contexto ocidental, tão impregnado nas formas de conceber o espaço universitário, tornar reiteradamente invisível a população negra.

A condição da pesquisa se deu pela orientação qualitativa mediada pelos princípios teóricos metodológicos da psicologia social materialista histórica e da psicanálise no que concerne a consideração das falas, atitudes, escolhas e direcionamentos dos alunos durante o período de coleta e análise dos dados.

No âmbito da direção materialista histórica em psicologia, os estudos sobre identidade e a relação com os processos de construção da realidade social foram os pilares para a interpretação e abordagem do tema.

De modo geral as condições metodológicas da pesquisa serviram para refletir sobre jovens estudantes de psicologia pertencentes a camadas populares e o perfil de formação profissional do psicólogo no cenário brasileiro.

Alguns limites da pesquisa, diante de inúmeras variáveis face o extenso mosaico que se deu no campo dialógico com os grupos de alunos, se apresentou. Por exemplo: uma abordagem metodológica mais voltada para dimensionamento aprofundado das questões afetivas e psíquicas dos sujeitos participantes do contexto poderia nos fortalecer na análise dos dados com subsídios qualitativos mais expressivos e definidores sobre os níveis de negação e os tipos de complexidades emocionais que os estudantes pertencentes a este contexto vivenciam em sua intimidade mediada pelas questões sociais e comunitárias no âmbito da universidade.

De qualquer modo, este não é um limite que coloca em desprestígio os dados que conseguimos reunir e interpretar. Ao contrário, é reflexão prudente que insta a fertilidade do campo de estudo necessário e lacunar no cenário brasileiro conforme Kabengele Munanga:

> Porque a psicologia norte americana se preocupa tanto com seus afrodescendentes e a psicologia social brasileira não se preocupa e se ausenta e silencia sobre um tema que toca a vida de mais de 60 milhões de brasileiros de ascendência africana? (MUNANGA, 2000, p. 10).

Portanto consideramos que o campo da pesquisa é vasto e pouco explorado. Metodologicamente novas incursões deverão ser organizadas para prosseguir no delineamento de tais lacunas em outros importantes estudos sobre a temática, para a construção de um campo epistemológico consistentes sobre o assunto.

A diáspora africana no Recôncavo: entre muros da universidade

O que temos observado sobre as dimensões etnográficas da pesquisa no contexto da Universidade, é a relação que o público universitário estabelece com o entorno imediatamente próximo do campus de Santo Antônio de Jesus.

Há relação de grande tensão entre o público universitário jovem, e cada vez mais jovem, e as mulheres, homens e crianças residentes no bairro de abrangência do campus.

A divisão dos corpos no passeio público é emblemática dos conflitos e dificuldades que emergem da relação dos estudantes universitários e a população do entorno.

São várias as mulheres moradoras do entorno próximo da universidade que comentam entre si em reuniões cotidianas (no mercado, na banca de frutas, com seus pares de trabalho, no ponto de ônibus):

> Essas moças (da universidade) são umas metidas! Parecem que têm o rei na barriga..., eu não me afasto no passeio não! Ochi!. Elas vem assim, como se a rua fosse delas. Eu já me aproveito então. Não recuo um centímetro e já dou um esbarrão com o meu corpo. Elas olham assustadas... É pra aprender mesmo![14] (Moradora do bairro, aproximadamente 35 anos, negra, sexo feminino)

A relação de conflito e tensão permanece e é indicativa de graves problemas de sociabilidade quando um aluno de psicologia representante do diretório acadêmico comunica a Direção de Centro sobre a solicitação de vários alunos sobre o desejo de policiais armados no campus universitário.

Em que pese esta informação isolada do campo de observação da pesquisa quais os significados desta situação ocorrida no contexto do final de 2013?

A área onde está construída a universidade é uma área onde os moradores do Cajueiro realizavam o "bába"[15] aos finais de semana.

Hoje há uma quadra esportiva no campus universitário. Mas esta quadra não é utilizada pela população.

Poucas, ou quase nenhuma, são as ações extensionistas da universidade privilegiando a inserção dos moradores do entorno no campus universitário.

Há ações voltadas para a comunidade nas Unidades Básicas de Saúde, Postos de Atendimento em diferentes bairros, algumas inser-

14 Registros de observação etnográfica (caderno de campo População do Cajueiro e Jovens Estudantes universitários/ PIBIC, 2012/2013).

15 Jogo de futebol em feriados e finais de semana.

ções nas escolas da região periférica de Santo Antônio de Jesus. Mas não existem projetos que promovam a inserção direta dos habitantes do Cajueiro - entorno imediato da universidade - no campus do Centro de Ciências da Saúde da Universidade Federal do Recôncavo da Bahia.

Em projeto extensionista realizado com grupo de alunos de psicologia em estágio básico com a comunidade, foi promovido um dia de convivência com crianças, jovens e mães moradores do entorno do bairro Cajueiro no Centro de Ciências da Saúde.

A fala de uma das mães ao final da atividade, com seu pequeno bebê de seis meses ao cólo foi:

> Eu sempre sonhei em estar aqui. Passava na frente e pensava: quando eu vou poder entrar aí. Será que algum dia eu vou entrar aí? Eu passo aqui na frente todos os dias. E hoje eu consegui realizar este sonho. Eu sempre quis fazer direito. Eu quero voltar... (C.A, 30 anos, sexo feminino, negra, mãe de três filhos).

Este tipo de ação extensionista e de pesquisa são pouco privilegiadas por professores e pesquisadores da universidade. Os discentes, em contrapartida, pouco sensíveis são a realidade imediata de sua vivência no campus. As relações com o saber e o campo epistemológico ainda figura sob bases conceituais distintas daquilo que é passível de ser observado imediatamente no contexto próximo de sua vivência cotidiana.

Assim como o "bába" era o local da sociabilidade dos homens e jovens do bairro, os muros da universidade eram os locais - pastos - onde as mulheres estendiam suas roupas, de seus "homens", e as roupas de suas crianças.

Até bem pouco tempo, antes do ano de 2014, era possível ver nas cercas da universidade roupas coloridas de diferentes tipos e tamanhos estendidas ao sol. Estas peças, blusas vermelhas, shorts infantis, vestidos coloridos, calças jeans de homens adultos, estavam ali, ao abrigo da cerca da universidade, ou disputando o local "usurpado?", "roubado?", "apreendido?" pelos "donos do saber", ou dos "barões e filhos de barões", pessoas "brancas", como a população do entorno, vez por outra ouvimos em nossos registros de campo mencionarem.

Hoje não há mais estas cenas. As cercas simples de arame farpado e tela foram substituídas por muros e grades com as melhorias estruturais do campus da Universidade.

Certo é que a população que frequenta o Centro de Ciências da Saúde na Universidade Federal do Recôncavo da Bahia não é exclusivamente branca. Há negros de todas as cores e condições sócio econômicas. Vindos de diferentes localidades do interior da Bahia e também, estes em geral mais brancos, da capital.

Mas o sentimento que a comunidade revela, também projetado na dimensão simbólica do jovem de origem popular, e muitos deles não tão popular assim, é que o ambiente para dentro do entorno da universidade é distinto e apartado da população em si. E que esta relação dialógica é impensável, indiferente, não fomentada e desprezível no fazer dos projetos "sérios" e "interessantes" protagonizados pelos professores.

Nos intramuros da universidade a diáspora africana se revela. Dentro e fora deste espaço. Uma contradição presente se ostenta. Um conflito tênue se consolida. A mensagem simbólica destes núcleos de sentidos tanto de dentro como de fora do entorno da universidade são escutas que precisam ser ouvidas, diagnosticadas, pensadas.

O trabalho com a formação do aluno, parece ser o caminho mais plausível, ético e digno das sociedades e civilizações humanas.

Desprezar este caráter formador no âmbito mesmo das escolhas dos professores e seus temas de trabalhos e pesquisa é desprezar a raiz de nossa condição histórica presentificada nos conflitos do hoje.

Desprezar esta escuta e observação é fomentar passagens desagradáveis de ódio, rancor e medo: violências que adentram as cercas elétricas dos condomínios fechados e se propagam na divisão de um mundo pouco generoso e incerto.

Simplesmente a contramão da formação do psicólogo e a negação e desprezo da presença incômoda da diáspora africana por parte de gestores e professores em ambos os contextos (na universidade e nos intramuros da universidade).

Considerações finais

Alguns estudantes (20%) conseguiram através da participação no grupo de trabalho auferir condições especiais de desenvolvimento acadêmico: a) acesso a bolsa PIBIC/FAPESBP, b) acesso a bolsa Santander para parte da graduação no Exterior, apresentação de trabalhos com temáticas sobre diversidade e diferença em congressos e seminários na universidade de origem e em universidades e instituições externas, c) aceite e aprovação de ingresso como aluno especial em programa de pós-graduação *strictu sensu* em instituição pública no estado da Bahia, d) aprovação em programa de pós-graduação *strictu sensu* no estado de São Paulo em Universidade Pública, f) aprovação em concurso público municipal em equipamentos sociais de saúde da região.

Apesar do bom nível de desempenho geral dos alunos - 20% em circunstâncias que poderiam ser consideradas ótimas e 80% consideradas adequadas, na medida em que conseguiram obter a escolaridade almejada (a graduação em psicologia) - consideramos que as condições para uma formação psicológica eticamente orientada conforme as necessidades sociais do Brasil ainda são muito insuficientes.

As discussões sobre ações afirmativas, relações étnico raciais, educação quilombola, diversidade e diferenças, são ainda tabus para o contexto universitário em saúde e psicologia em termos do cotidiano da formação do aluno.

Há a presença tímida da abordagem de tais questões no contexto da formação em saúde. Principalmente nos campos da psicologia da educação especial, inclusão, saúde mental e anti-psiquiatria e psicologia social. Mas a temática racial e étnica figura como à margem de tais discussões por parte da própria formação e desinteresse dos professores formados em psicologia.

No mesmo sentido, o grande avanço tecno-científico e epistemológico presente em campos disciplinares acadêmicos de interface estreita com a ciência psicológica (história, ciências sociais, saúde coletiva, antropologia, filosofia, educação) pouco são considerados pelos professores de psicologia e pesquisadores da ciência psicológica, os quais são majoritariamente os agentes mais diretos que influenciam a formação do estudante, profissional de psicologia.

A ação e produção científica psicológica em si, não considera estes estudos consolidados para fundamentar e promover desenvolvimentos que representem a população negra brasileira, diferentemente do que ocorre com os campos das ciências humanas no país conforme nossa informação acima.

Nas necessidades emergentes de formação em saúde, incluindo o campo psicológico, no que concerne a Política Nacional de Saúde da População Negra (WERNECK, 2005, p. 360), os "meninos" da Universidade Federal do Recôncavo da Bahia saem com as mesmas inferiores condições de formação para o trabalho que a grande maioria dos cursos de psicologia do país. Atestando incompetência formativa essencial para o trabalho junto ao cenário majoritário representativo da população brasileira (IBGE, 2010).

Consideramos que aqui, no Recôncavo da Bahia, a formação poderia ser diferente, tendo em vista a questão territorial e demográfica da população baiana, para referendar um recorte de cor e raça para a estruturação de políticas públicas em saúde.

O racismo no Brasil é muito complexo e difuso dificultando e encobrindo necessidades emergentes de realizar no ensino, pesquisa e extensão ações prioritárias para a transformação da realidade brasileira.

Este não é um problema local e/ou regional do Estado da Bahia. É um problema do Brasil. Mas aqui, a emergência da formação poderia ser diferente.

Portanto, tristemente, o acompanhamento de parte da trajetória de formação destes alunos revela que as condições para uma educação étnico-racial que favoreça o desenvolvimento social a nível humano e técnico-científico em termos de justiça social e igualdade de direitos é ainda precário e inconsistente na formação dos psicólogos neste grupo pesquisado, o qual representa, em certo sentido, a formação de psicólogos no país.

Referências

ANDERSON, K. e JUNIOR, S. et all. *Gênero e etnia no contexto da universidade pública – estudo de caso na Universidade Federal do Pará. In: Acesso e permanência de estudantes de origem popular: desafios e estratégias*. Col. Grandes Temas/Conexões de Saberes. Barbosa, J.L. (org). Rio de Janeiro: UFRJ, 2010.

ARENDT, H. *A condição humana*. São Paulo: Forense Universitária, 2001.

FERNANDES, F. *O significado do protesto negro*. São Paulo: Cortez, 1994.

FREIRE, P. *Pedagogia da autonomia: saberes necessários à prática educativa*. São Paulo: Paz e Terra, 1996.

GOMES, N.L. *Orientações para que a Secretaria de Educação do Distrito Federal se abstenha de utilizar material que não se coaduna com as políticas públicas para uma educação anti-racista*. Presidência da República/Ouvidoria da SEPPIR/PR. Proc. 23001000097/210-26, parecer 15/2010 de 01/09/2010.

MUNANGA, K. Qual a explicação dessa ausência e desse silêncio (de nossa psicologia social) sobre um tema que toca a vida de mais de 60 milhões de brasileiros de ascendência africana? *Revista Psicologia e Sociedade*; 12 (1/2); jan/dez. 2000, p. 5-17.

OLIVEIRA, R.M.S. "Kiriku: quando o herói sofre o estigma". In: *Anais do III Encontro de Educação e Relações Étnicas e VIII Semana de Educação da Pertença Afro Brasileira*. Publicação do Órgão de Educação e Relações Étnicas da Universidade Estadual do Sudoeste da Bahia - Jequié/BA, ISSN 2316-7386, 2012.

OLIVEIRA, R.M.S. A cidade nas franjas do capitalismo: habitar a periferia e ser jovem negro. *Revista da Associação Brasileira de Pesquisadores Negros (ABPN)*, vol.04, nº 8, out/dez. 2012.

OLIVEIRA, R.J. *A cidade e o negro no Brasil: cidadania e território*. São Paulo, Alameda, 2013.

SANTOS, M. *Técnica, espaço e tempo*. São Paulo:Hucitec,1998.

SOUZA, R.M. *Sobre crianças no espaço híbrido da esperança: reflexões da psicologia social e da psicanálise*. Dissertação de Mestrado apresentada ao Programa de Psicologia Social da PUC/SP, em 2003.

WAISCEFISZ, J. J. *Mapa da violência: os jovens do Brasil*. Ministério de Justiça/Instituto Sangari, Brasília/DF, 2011.

WERNECK, J. "Iniquidades raciais em saúde e políticas de enfrentamento às experiências do Canadá, Estados Unidos, África do Sul e Reino Unido". In: *Saúde da População Negra no Brasil: contribuições para a promoção da equidade*. Brasilia/DF/FUNASA, 2005.

WIEVIORKA, M. *Em que mundo viveremos?* São Paulo: Perspectiva, 2006.

FESTA BAIANA: RELIGIOSIDADE E CONSUMO NO AMBIENTE FESTIVO

Edson Dias Ferreira[1]

Introdução

A escolha deste tema evidencia o aprendizado possibilitado pelo convívio com minha família; suas lembranças que também são minhas e as lembranças construídas a partir dos relatos ouvidos em diferentes oportunidades refletiram-se na maneira como olhei para as festas. Desse modo, pude perceber o que elas representam para a vida do baiano de Salvador.

Quanto às motivações que me impulsionaram à realização desta tarefa, resultam de algumas inquietações que até bem pouco tempo não haviam encontrado espaço para emergir, mas que, finalmente, conseguiram conciliar-se com uma atividade acadêmica cuja aproximação se verificou nos últimos cinco anos. A partir do contato com as Ciências Sociais, senti-me desafiado pela possibilidade de exercitar, neste mesmo momento, questões ligadas à identidade, considerando as dimen-

1 Doutor em Ciências Sociais - Antropologia pela PUCSP - Pontíficia Universidade Católica de São Paulo, Professor Titular da UEFS - Universidade Estadual de Feira de Santana - Bahia - Brasil; E-mail: edson.uefs@hotmail.com.

sões étnicas de ser negro, ser baiano e ser soteropolitano. O estar imerso numa rede de relações que envolvem a família, a cidade, os seus vários grupos e os movimentos que Salvador oferece na fé, como também na festa, tornou-se extremamente atrativo. Não foi menos instigante o fato de olhar para a cidade com os olhos de quem desenvolveu a sensibilidade de lidar com as imagens: imagens minhas, imagens do outro, imagens da cidade e de suas manifestações. Neste sentido, "[...] imagem aqui significa estímulo ao sentimento, à sensibilidade e à lembrança, e estes elementos estão presentes no contexto da memória coletiva" (FERREIRA, 2004, p. 16).

Daí porque me encontrei perfeitamente à vontade para escolher as festas populares que se realizam em Salvador porque, por elas a cidade passa e, no seu movimento, as pessoas "dão-se a ver". Neste caminho, algumas escolhas precisaram ser feitas, outras mediadas e/ou negociadas. Assim, a imagem, a memória coletiva e a etnicidade, assumidas como fundamentos da pesquisa, mostraram-se eficazes.

Para além de alguma inspiração e muita transpiração, o trabalho aqui apresentado revelou também momentos de pura iluminação na qual foi possível trazer ao presente imagens de um passado ainda importante porque foi chamado por este presente. Foram as fotografias, imagens que atuaram como sementes de rememoração, capazes de provocar lembranças, lembranças estas que se materializaram nos vários depoimentos colhidos. O próprio Halbwachs reconhece a íntima relação entre as imagens e as lembranças. Segundo afirma:

> Se as imagens se fundem tão intimamente às lembranças e se elas emprestam a esta sua substância, é que nossa memória não é uma tábula rasa e que nos sentimos capazes, por nossas próprias forças, de perceber, como num espelho turvo, alguns traços e alguns contornos (talvez ilusórios) que nos envolveriam a imagem do passado. Da mesma maneira que é preciso introduzir um germe num meio saturado para que ele se cristalize, da mesma forma, dentro desse conjunto de depoimentos exteriores a nós, é preciso trazer como que uma semente de rememoração, para que ela se transforme em uma massa consistente de lembranças. (HALBWACHS, 1990, p. 28).

Com os depoimentos, foi possível perceber a própria memória coletiva dos grupos pesquisados.

A percepção da existência de grupos e de uma memória coletiva a eles relacionada fez emergir a ideia de etnicidade que, no trabalho, se apresenta com maior ênfase a partir da visibilidade que cultura a afro-brasileira tem nas manifestações festivas realizadas em Salvador: são as baianas e todo um universo cultural que as envolve, costumes, fé, religião; são as manifestações que emanam de outros tantos personagens; são as referências que indicam, numa cultura pretensamente branca e cristã, marcas indeléveis das matrizes africanas a ela incorporadas desde os primeiros dias.

A marcação de dois tempos bem delimitados, no contexto da Cidade do Salvador, antes e depois da década de 50 do século XX, são recorrentes para determinar mudanças de ordem socioeconomica e estrutural vivenciadas pela Cidade. Tais mudanças vão-se refletir no espírito da festa pública ali realizada. À medida que a cidade rapidamente se moderniza, outros elementos decorrentes desta modernização passam a influenciar no espírito da festa. Ao assumir-se como cidade turística e, deste segmento, passar a depender sua economia, Salvador também interfere na dinâmica da festa e a modifica. Entretanto, o seu principal elemento motivador - a religiosidade - ainda se mantém na atitude dos participantes (nativos) ou, pelo menos, no discurso do político que promove e estimula algumas das manifestações. Mas este quadro, progressivamente, vai dar lugar ao privilegiamento do potencial econômico que a festa pode gerar. A festa passa a ser percebida como espaço privilegiado para comercialização de satisfação e prazer como bens de consumo e auferir lucro com isto. Logo, entretenimento e lazer, entre outros, é o que se procura e o que se oferece no seu ambiente.

Salvador e a cultura da festa

A festa na "Cidade da Bahia", como Salvador costuma ser chamada, parece ser o *locus* do encontro entre a tradição e os elementos novos que a modificam.

Partindo da etimologia da palavra tradição, do latim *traditio*, da qual o verbo *tradire*, na sua acepção, designa o ato de passar algo para outra pessoa ou de passar de uma geração a outra geração, Bornheim (1987, p. 20), observa que "[...] através do elemento dito ou escrito algo é entregue, passa de geração em geração e isso constitui a tradição – e nos constitui". Caminhando na sua construção, o autor observa:

> A tradição pode, assim, ser compreendida como o conjunto dos valores dentro dos quais estamos estabelecidos; não se trata apenas das formas do conhecimento ou das opiniões que temos, mas também da totalidade do comportamento humano, que só se deixa elucidar a partir do conjunto de valores constitutivos de uma determinada sociedade. (BORNHEIM, 1987, p. 20).

A tradição nessas festas, muitas das quais foram criadas a um tempo relativamente curto, vinte, trinta, cinquenta anos talvez, mas nem por isso menos importantes, resulta de referências que remontam à própria constituição da cidade, caracterizada pela influência religiosa e festiva dos povos que nela se estabeleceram ou que já se encontravam na terra. Poder-se-ia mesmo dizer que, neste aspecto – fé e festa –, tradição representa o traço forte das manifestações populares que se realizam em Salvador, ao passo que elementos que refletem o próprio momento histórico atravessado por estas manifestações, lhe darão o toque de atualização. É o novo que imbrica com a tradição e, para que este processo ocorra, mais precisamente, para que a tradição resista, tem que haver ruptura e a entrada de novos elementos. Neste sentido, tradição tem sido aqui entendida como a presença do aspecto religioso nas manifestações populares, no entanto o processo de dessacralização impõe a essas manifestações uma mudança de caráter, ou seja, ao reforçar apenas o aspecto do lazer que a festa propicia, leva estas manifestações a passarem por transformações significativas.

Um olhar, hoje, sobre a festa do Bonfim ou sobre a cerimônia que antecede à saída dos blocos afros revela que, apesar do tempo e das transformações, elas se sustentam e ganham notoriedade exatamente porque o elemento religioso não é o único, mas é sem dúvida um dos motivadores para que elas continuem existindo. Negar, entretanto, que outros elementos contribuem com esse processo equivale a dizer que estas festividades não se atualizam e, portanto, não têm condições de continuar existindo.

Bornheim (1987, p. 15) destaca exatamente isto, em suas palavras: "[...] a tradição só parece ser impertubavelmente ela mesma na medida em que afasta qualquer possibilidade de ruptura, ela se quer eterna". Entretanto, o mesmo autor alerta para o fato de que a ausência de movimento termina por condicioná-la à estagnação da morte e, para que tal não ocorra, "[...] a necessidade de ruptura se torna, em conseqüência, imperiosa para restituir a dinamicidade ao que parecia 'sem vida'".

Sobre esse aspecto abordado por Bornheim, situa-se a própria condição da Cidade do Salvador no contexto do século XX. Antes dos anos cinquenta, a cidade vivia das lembranças dos seus tempos áureos, embora padecesse da estagnação e da falta de crescimento. Entretanto, como reflete Moura (*apud* BOCHICCHIO, 2004, p. 3): "[...] a cara da Bahia é a de quem passou do colonial para o contemporâneo por uma ponte muito singular. Aqui, há uma saudade tão forte do passado, que queremos vê-lo no futuro."

A sua afirmativa leva ao entendimento de que a "Cidade da Bahia" tende a valorizar o passado, mas não a abrir mão da entrada de elementos novos. Este movimento cuja opção a cidade assumiu é que, sob meu ponto de vista, possibilitou a manutenção da tradição. A cidade sente a necessidade de evocação do passado, mas rompe com o imobilismo de preservar uma tradição intocada como se estivesse morta.

Apesar do crescimento, a cidade não abriu mão da tradição, mas lhe deu uma cara nova. Esta cara reflete a maneira como são realizadas, hoje, as manifestações festivas tradicionais. Dir-se-ia mesmo que, neste movimento, emerge o que se poderia considerar como sendo o novo nessas manifestações.

Como todo movimento no qual se veem implicadas atualizações e adaptações, há um preço a ser pago. No caso de Salvador, o preço cobrado pelas adaptações impostas em função de uma situação nova, em alguns momentos, significou o abandono de algumas tradições, esfriamento de outras e mudanças na maioria delas. Mesmo assim, o limite, no caso baiano, ainda se expressa pela possibilidade de cultuar a fé e a religiosidade com festa. Concordo com a afirmação de Moura quanto à saudade forte do passado, mas concordo inteiramente com Bornheim que a tradição só vive com a ruptura. Assim, se a cara da Bahia nos remete ao desejo de elementos do passado no futuro, precisa haver a entrada de elementos novos, precisa haver ruptura para que a Bahia possa ser encontrada no futuro.

Percebe-se em Salvador que, neste momento, se evoca intensamente apenas o aspecto festivo das manifestações cuja visibilidade possibilita ganhos. Com isto, tende-se a diminuir o caráter religioso a que tais manifestações quase sempre estão vinculadas.

O aspecto econômico se expressa pelos investimentos, patrocínios, financiamentos; o aspecto comercial pela venda de espaços, divulgação, aquisição de parceiros e associados que possibilitem viabilizar tais manifestações. Estes aspectos encarnam, neste momento histórico, o que se pode chamar de aspectos novos presentes na festa. Seja porque os interesses do poder público implicam a promoção e os investimentos capazes de viabilizar a produção de divisas de que a cidade precisa ou, então, a possibilidade de dar visibilidade à ação de seus administradores; seja porque, para os empresários, investimentos em tais atividades significam retorno certo dos capitais ali aplicados, sem contar que o sucesso destes empreendimentos lhes possibilita visibilidade, o que constitui uma moeda forte na condução dos seus negócios.

Assim, olhamos hoje o que, no futuro não muito distante, poderá constituir o elemento tradicional a justificar também a manutenção das manifestações festivas da "Cidade da Bahia". É claro que haverá rupturas para que haja a entrada do novo, para que haja a manutenção da festa.

O espírito festivo constitui uma marca tão forte no imaginário do povo baiano que chegou a encobrir o caráter religioso das manifestações que ocorrem dentro do ciclo de festas populares da Bahia, sem contudo tirar-lhes a motivação religiosa. Isto implica, por exemplo, que, enquanto em outros lugares, as manifestações religiosas evidenciam todo um aparato construído para justificá-las enquanto calendário específico, chegando inclusive a gerar investimentos com o objetivo de estimular esta característica, como é o caso do turismo religioso estimulado em várias cidades do País, em Salvador, no entanto, se concentram diversas manifestações de caráter religioso, entretanto este calendário não é difundido como tal. O calendário da cidade privilegia o aspecto da festa em detrimento dos aspectos religiosos. Isto explica, por exemplo, a classificação de festeiro que o baiano possui na visão dos grupos estrangeiros: os turistas. O próprio baiano também se reconhece como tal.

São, pelo menos, oito comemorações datadas no intervalo de sessenta dias cuja causa é essencialmente religiosa, mas todas elas acabam sendo muito mais conhecidas pelas festividades que desenvolvem na parte externa dos templos de seus respectivos homenageados do que pelos cultos que se processam no seu interior. Esta autoafirmação coletiva, igualmente reforçada pelo imaginário construído por seus visitantes ou aqueles desejosos de visitar a cidade, contribui também para a manutenção deste rótulo, legitimando o espírito festivo como peculiar ao baiano.

Na realidade, o espírito festivo da cultura baiana deve-se, provavelmente, aos elementos culturais dos africanos que aqui aportaram com a escravidão. Em outras palavras, o fato de Salvador ser festeira parece ser uma herança africana. É claro que estes elementos entraram em contato com a cultura portuguesa e a indígena.

Nesse particular, credita-se boa parte desse espírito festivo à maneira como as manifestações de tradição africana incorporaram-se à cultura baiana. Tal entendimento não exclui nem mesmo nega a contribuição do elemento português e, muito menos, a contribuição do elemento indígena, mesmo porque só o fato de se admitir e reforçar um processo de inserção de uma cultura de matriz africana no contexto da cultura baiana faz supor, em princípio, que a cultura baiana tem sua base formativa estruturada em uma matriz diferente da africana. A presença de uma cultura europeia, portuguesa e cristã se instituiu na Bahia desde a implantação da colônia e se impôs como hegemônica desde então. Neste sentido, o termo inserção aqui colocado é o que melhor reflete as condições através das quais o elemento afro-brasileiro se incorpora à dinâmica da cidade.

Fundada numa perspectiva cultural na qual a doutrina cristã constitui a regra, boa parte das manifestações que compõem o calendário do ciclo de festas populares de Salvador foi instituída para homenagear os santos católicos. Entretanto, foi a festa de caráter externo às igrejas que ajudou na promoção da aproximação entre os orixás e os santos católicos, pois, muito cedo, tais manifestações se deixaram influenciar pela cultura africana. Este detalhe foi definitivo para a disseminação, manutenção e permanência de determinados festejos.

Por isso mesmo, cabe lembrar também que, ao longo do tempo, muitas manifestações tradicionalmente realizadas deixaram de existir ou estão em processo de extinção. Elas sinalizam ou sinalizaram algumas questões dentro das quais podem estar indícios deste desaparecimento ou decadência, o que se procurou esclarecer indagando: o que leva festas como a da Pituba, nascida no século XX, a simplesmente desaparecer como ocorreu provavelmente a partir de 1988? O que leva festas como a de Santa Luzia à decadência, embora ainda se sustente precariamente? O que motivou o desaparecimento de tantas outras festas com motivação religiosa e com grande frequência de público ao longo do século XX?

Por outro lado, o que faz festas como a saída do Bloco Ilê Aiyê conquistarem tanta notoriedade? Ou, então, o que faz com que a festa do Bonfim assuma ares de gigantismo?

Em relação às primeiras, provavelmente essas manifestações não conseguiram atualizar-se e, por algum motivo, foram perdidas, deixaram de fazer parte das lembranças coletivas que as sustentaram ou, então, entraram em conflito com as transformações pelas quais a cidade passou. Neste caso, a tensão daí resultante levou tais manifestações a esta situação.

No caso da Festa da Pituba, a tensão existente nas relações que se estabeleceram entre uma remanescente colônia de pescadores com sua fé popular e um projeto de bairro que se constituiu socialmente privilegiado, não permitiu a sobrevivência da manifestação. Ela, a festa popular, passara a conflitar com os planos estabelecidos para o local. Neste sentido, primeiro o afastamento de elementos religiosos que motivavam a realização da festa: o catolicismo tradicional e o catolicismo popular. Uma vez separados, os novos representantes do espaço urbano daquela localidade apropriaram-se da referência católica tradicional e a enclausuram no templo, atribuindo-lhe, depois, uma nova data para romper de vez com a tradição popular que ali se realizava. O depoimento do Sr. José Seixas, antigo membro da comissão organizadora, mostra o que acabo de afirmar:

> [...] o fracasso não tem nenhuma relação com o trabalho da comissão e sim, à pressão de pessoas que vivem na Pituba mas não são moradores tradicionais do bairro, que conseguiram da igreja a transferência da festa de Nossa Senhora da Luz para o mês de maio e a remoção das barracas para o Jardim dos Namorados, durante os festejos populares." (*apud* LAVAGEM da igreja...,1987, p. 3).

Como se pode perceber, a manifestação popular que lhe seguia, estruturada no espaço da rua, foi deslocada do espaço contíguo ao templo, dessacralizada, foi combatida até a completa extinção. Seus adeptos incorporam-se a outras tantas manifestações existentes na cidade nesse mesmo período. Engrossaram as participações nas festas do Rio Vermelho e de Itapuã, ambas ligadas ao espaço sagrado do mar. Neste caso, a introdução de elementos novos tais como o trio elétrico e de um público diferenciado que, no primeiro momento, ajudou a manifestação a crescer, também ocasionou seu desaparecimento, pela negação do seu sentido sagrado e tradicional.

Na Festa da Pituba, a relação entre tradição e a nova concepção de bairro ali implantada ocasionou um conflito e uma ruptura porque a festa entrou em rota de colisão com os projetos elaborados e postos em execução para o novo bairro. Esta situação atingiu tal dimensão que a manifestação popular que ali se realizava acabou por desaparecer.

A Festa de Santa Luzia não integra o circuito turístico, e, como o local e a própria igreja encontram-se completamente degradados, não desperta nenhum interesse a não ser dos fieis que cumprem ali sua devoção. Percebe-se que a tradição sem ruptura também encaminha as festividades para sua extinção. No caso desta festa, só os adeptos fervorosos participam. Eles se apresentam mais representativos que os participantes da parte de entretenimento e lazer presentes nos arredores desses espaços porque a grande massa de pessoas que antes participava da festa, hoje busca formas mais atuais de comemoração e lazer que um feriado oferece. Vão ao *shopping*, vão às festas promovidas pelos blocos de carnaval, vão a outras formas de entretenimento, como bares, *shows* ao ar livre em lugares badalados etc., e que privilegiam, desta maneira, a população que tem vinculação ou interesse apenas com o lazer. Todas essa opções que a cidade atualmente oferece resultam do seu rápido processo de crescimento e modernização. O resultado desta variedade de opções se reflete no esvaziamento de espaços de entretenimento tradicionais – largo e seus arredores –, antes tidos como espaços preferenciais.

Com isso, a tendência modernizante, irreversivelmente assumida pela cidade, constrói também esses descompromissos e essas rupturas com os valores anteriormente presentes no sentido dessas festas. Ao serem analisados as imagens e os textos produzidos acerca das festas populares realizadas antes dos anos cinquenta é que se pode perceber como e quanto, na sua estrutura, a festa mudou.

Na festa do Ilê Aiyê, as mudanças e transformações evidenciaram o processo através do qual convivem, dentro de sua recente história, a tradição e o novo. Novo, aliás, que o próprio bloco representa. Estas dimensões evidenciam-se pelo caráter que assumiu o cortejo de saída para o desfile, cujo início se apresenta revestido de toda uma forte ritualidade.

Esse bloco representa a ruptura, a mudança, na medida em que se insere na forma mais recente assumida pelo carnaval cujas transformações se deu da maneira mais intensa nos últimos trinta anos. Igualmente reflete a tradição pela preservação do ritual religioso como uma recomendação prévia para o início do desfile. Desde quando foi fundado, este ato se repete, consagrou-se ao longo desse tempo e hoje atrai a atenção de todos, nativos e turistas. Esta atração constitui o elemento moderno porque aceito pelo povo do lugar, também foi assumido por uma legião de estrangeiros que, a cada ano, invade as ruas apertadas do bairro, por onde o bloco passa, apenas para assistir ao seu momento ritual de saída, por ser este momento guardado como tradição.

Ao se voltar o olhar, por exemplo, para a Festa do Bonfim e procurar-se, no seu desenvolvimento, respostas que possam constituir indicativos dessa situação, apontar-se-iam como aspecto tradicional a religiosidade e a festa que esta religiosidade motiva. Provavelmente, se este elemento, nos dias de hoje, atuasse sozinho, as festividades em louvor ao santo talvez estivessem progressivamente se tornando menor, como ocorre com a Festa de Santa Luzia. Entretanto, há um outro elemento presente na orientação que move estas manifestações. Há uma mudança de caráter no espírito da festa. Tanto isso é verdade que, durante as novenas e no dia consagrado como data maior da festa, o número de visitantes é consideravelmente menor que no dia consagrado à Lavagem.

A visibilidade da Lavagem é patrocinada pelo poder público que dela se apropriou com o objetivo de promover o turismo na cidade. Também dela se apropriaram os empresários de todas as ordens, vendo naquela manifestação um horizonte fértil para a venda da satisfação e do prazer como bens de consumo e, claro, lucrar com isto. A ela se integrou uma população flutuante com toda ordem de interesses ou intenções. São turistas de vários lugares, autoridades civis e militares, políticos de várias ideologias, meios de comunicação e, mais recentemente, religiosos não católicos de varias denominações. O movimento gerado pela confluência de tantos interesses produziu um tipo de organização e estruturação da festa que irá caracterizar o elemento novo ali instaurado. A Festa do Bonfim não é a única que apresenta este quadro, ela representa só mais uma no contexto do ciclo.

A Festa do Bonfim, na atualidade, parece ser apenas o dia da Lavagem. Este dia corresponde tão-somente a um momento muito específico dessa celebração. Historicamente, ela envolve muitos outros elementos.

Lody (*apud* Querino, 1988) afirma que a entrada do povo de santo na festa se deu em função da incorporação da devoção e festejos em louvor a São Gonçalo do Amarante à matriz do Bonfim, fato ocorrido em razão da destruição da igreja dedicada ao santo no bairro do Rio Vermelho. Talvez, por conta disso, já naquele momento, o movimento da festa começara a mudar. Teixeira (2001), por sua vez, não desconhece este fato e acrescenta que a tradição daquele templo, como o próprio nome do santo e do seu culto sugere, se estabelece em função de conceder ao seu devoto um bom fim, isto é, ao morrer que se tenha o tempo necessário para se arrepender dos pecados e receber a extrema-unção.

Serra (1999) alude ao fato de que a caminhada a partir da Igreja da Conceição se consolida com a Independência da Bahia, ocasião em que a imagem do Senhor do Bonfim foi devolvida à igreja de origem, após ter sido de lá retirada pelo General Madeira de Melo e colocada na Igreja de São Francisco. Ele ainda revela que a realização do cortejo simbólico da Igreja da Conceição até a Colina Sagrada cercou-se de muita pompa no centenário da Independência da Bahia, em 1923. Foi nesse período que o hino mais conhecido do Senhor do Bonfim foi composto.

Teixeira (2001) também menciona esse fato, mas acrescenta que só pelos anos quarenta é que, provavelmente, o cortejo das baianas começa a aparecer da forma semelhante à atual.

São muitas as questões, suposições e afirmações acerca do movimento da festa. Com certeza, cada uma das passagens aqui mencionadas acabou sendo incorporada ao espírito tradicional da festa. Daí porque tantos elementos de características tão diferentes convivem no mesmo espaço. Outros tantos, como o banho de água-de-cheiro na cabeça dos políticos, também acabaram sendo incorporados como tradição.

Mas o fato é que, ao se assumir a Festa do Bonfim apenas como o dia da Lavagem, conforme vem acontecendo, por conta de toda a produção que aquela manifestação apresenta, expõe-se o caráter de atualização pelo qual ela foi apropriada. O formato, a visibilidade, a propaganda, o estímulo à participação, o ingresso de um imenso contingente de turistas, os custos e os investimentos a cada ano ampliados e os muitos elementos novos incorporados ao ato apenas para a realização que se dá na quinta-feira, estarão, portanto, refletindo esta dimensão.

Ao se falar das festas baianas do ciclo de verão, é recorrente a referência à Festa do Bonfim porque ela agrega, no seu contexto, todas as atividades e situações que o ciclo de verão encerra. Ela vai da novena ao carnaval, passando pelo cortejo, missa solene - às vezes campal -, da água-de-cheiro à água-benta lançadas sobre os fiéis na frente da igreja, seja pelas baianas no momento da lavagem, seja pelo pároco ao final de cada celebração.[2] Neste contexto, vão sendo abarcadas manifestações de toda ordem, para atrair e atender uma grande variedade de público.

Por outro lado, ela envolve uma rede milionária de investimentos e lucro. Em outros tempos, este segmento se refletia na figura dos barraqueiros, com suas barracas tradicionais armadas por, pelo menos, doze dias nos arredores da igreja, ambulantes com fitinhas - "medidas" do Bonfim - e outros objetos de caráter religioso. Atualmente, envolve, também, os donos de blocos carnavalescos, empresas promotoras de eventos e muitos patrocinadores. Espaços fechados são montados ao

2 A aspersão de água-benta na área externa da igreja acontece sempre no período da festa ou na primeira e última sexta-feira do mês. Quanto a água-de-cheiro, só no dia da Lavagem.

longo do itinerário do cortejo oferecendo lazer com conforto e segurança, e mais um sábado com um imenso desfile de blocos que constitui a mais recente das tradições inventadas.

Ao mencionar a ruptura que a festa propicia, diante de tantos elementos nem sempre conciliáveis, Serra (1999, p.87) observa que, no ambiente da Lavagem, a crise manifestou-se nos últimos tempos de modo bem agudo, e esclarece: "O fato tem a ver com o gigantismo da festa, que foi acentuado com o crescimento de sua dimensão de folia: um desenvolvimento apenas em parte espontâneo".

Nesse sentido, indica a existência de alguns cortes que se processaram no contexto da festa. Tais cortes, como se pôde observar, se apresentam tanto no movimento da festa propriamente dita quanto no discurso de seus diferentes atores.

Para a igreja, a festa constitui o novenário e o grande dia no qual, com a celebração da missa solene, se encerram as comemorações. Neste sentido, no dia da Lavagem, as atividades da igreja são interrompidas e ela permanece fechada. Com isto, os fiéis dão início ao novenário um dia antes, para compensar.

Em relação às barracas, já de algum tempo não são mais armadas nas proximidades da igreja, sendo dispostas nos arredores, mais distantes da praça principal do templo.

Desde 1997, a Polícia Militar dispôs algumas barreiras para limitar o acesso e facilitar o deslocamento das baianas, das autoridades, dos "Filhos de Gandhy" e hoje, também, goza deste privilégio o grupo "Os Zarabe" do músico Carlinhos Brown. Com esta ação, o povo passou a se concentrar na praça, mas deixa livre o caminho do cortejo até o adro.

Do ponto de vista da folia, a festa promoveu uma série de cortes. O primeiro foi a introdução do trio elétrico na dinâmica da festa. Seguiram-se à sua participação, que durou quase vinte anos, as progressivas restrições: a partir de 1996, a instituição do intervalo de duas horas entre a saída do cortejo e o início das apresentações dos trios, a seguir a limitação do trajeto, os trios não poderiam mais ir além dos limites do Mercado do Ouro, nas imediações do Comércio. Ao mesmo tempo em que tais restrições são implantadas, diversos grupos e empresas fazem do espaço da festa o ambiente propício ao desenvolvimento dos seus lucrativos negócios em torno do carnaval baiano. Foram criados camarotes ao longo da Avenida Contorno, alguns com capacidade para receber confortavelmente até sete mil convidados.

Logo depois, com a definitiva proibição dos trios, nasceram dois modelos de eventos para justificar o prejuízo reclamado pelos donos de bloco com a mencionada proibição: um evento, de acesso controlado mediante ingresso, e outro aberto, em local diferente daquele onde se realiza a Lavagem.

Os pontos de vista de cada um dos seus personagens representantes dos diversos segmentos envolvidos com a manifestação também refletem esses cortes. Para um estudante, a opinião é a seguinte: "A gente deixa esse negócio de igreja para os mais velhos de idéias" (*apud* SERRA, 1999, p. 96).

Para o então Arcebispo D. Lucas Moreira Neves (*apud* SERRA, p. 96-97):

> [...] o evento [a festa de lavagem] de católico só tem os sentimentos muito íntimos e invisíveis dos católicos, poucos ou muitos, que chegam até o templo e rezam um pai nosso ou fazem o sinal da cruz; de afro-brasileiro só tem os cinco minutos de abluções das "baianas" que logo se retiram, um tanto constrangidas; no mais a "lavagem" é evento lúdico, Marqueting e Merchadisign de pessoas e grupos, bebida, a inevitável licenciosidade. Cada ano mais, torna-se prévia e ensaio geral do carnaval, com todos os ingredientes, e uma gigantesca empresa com altíssimos investimentos e não menores lucros.

Em relação às baianas, não parece muito diferente a percepção que trazem. Um detalhe presente nos depoimentos de mulheres que tiveram a oportunidade de viver tempos diferenciados das manifestações festivas nas quais a fé se encontra presente, revela uma preocupação quanto ao futuro dos festejos populares. Elas se colocam quase sempre premonitoriamente falando. Em relação ao Bonfim, por exemplo, uma das entrevistadas para este estudo revela sua preocupação de trazer o passado ao presente ao afirmar: "A lavagem do Bonfim, hoje em dia, parece até carnaval." E acrescenta:

> Eu mesma não estou mais alegre com a Lavagem do Bonfim, porque das coisas que eu vejo! Ainda mais gente como eu que sou antiguidade, velha antiga, desde novinha acompanhando meu Oxalá que eu sou doida por ele e ele me abençoa, ele me ajuda e ajuda a todos que anda nos meus caminhos, não posso desprezar ele.

O que continua a levá-la àquela festa, como a tantas outras que frequenta, é o sentido de obrigação que cada uma das festas representa.

Em um demorado depoimento, uma ialorixá baiana desabafa, pois compara o passado com os dias atuais e percebe só perdas. Ela diz:

> Eu sei o que estou falando, não sou como outras pessoas que repetem palavras. A minha vida não era de uma criança comum. Eu também brincava de bonecas, tinha amigas... Mas tive educação para as obrigações; tive que aprender os contos, as histórias que são necessárias para as obrigações; para aprender, devia estar junto com as velhas do Alaketu, eu sempre estava. Este saber se aprende devagar. Não, não é como hoje, entrou saiu mãe-de-santo.
> Minha tia sentava comigo e contava o que os velhos trouxeram consigo para a Brasil, os ensinamentos, os fundamentos. Eu ia aprendendo a conhecer as folhas para os vivos e fazer a obrigação para os mortos. Hoje parece que não tem mais nada disso, as tradições se acabaram. Veja, até as grandes festas, como Nossa Senhora da Luz, hoje não tem mais nada; restou alguma coisa dos cultos africanos na Lavagem do Bonfim. Mas, hoje, acabaram com quase tudo. A lavagem feita pelas mulheres do candomblé, iam de carroças enfeitadas, levavam o barril de água enfeitado, fazia samba. Mas samba... A festa de São Cristóvão era outra que todo mundo ia, tinha comida africana. É bom para quem está chegando agora, mas para quem viveu mesmo, não interessa. Mas o que sinto mais é o candomblé se acabando, claro que não na minha casa. (*apud* BERNARDO, 2003, p. 118-119).

Essas pessoas, na realidade, mesmo sabendo das consequências que a dinâmica da universalização da festa pode gerar, mantêm-se participando de suas atividades, mas se adaptam ao que essa conjuntura, na prática, impõe. Entretanto, são fiéis às bases sobre as quais construíram suas vidas, não percebendo que o novo também pode trazer ganhos.

Brandão (1989) observa que o processo de universalização distancia as pessoas dos movimentos locais, mas Bornheim (1987, p. 26) ressalta, por outro lado, que: "[...] o desregramento dos valores que constituíam o passado, ou seja, a tradição, acontece por conta do processo cada vez mais intenso de universalização". Neste sentido, é que se pode entender a preocupação dessas mulheres em relação à maneira como as coisas acontecem hoje.

Quanto aos comerciantes, sejam eles barraqueiros, ambulantes ou grandes empresários do ramo de entretenimento e lazer, as visões sobre a festa se modificam, pois eles constituem o segmento mais privilegiado com as mudanças.

Para o comerciante Carlos Alberto da Conceição, "[...] as festas que acontecem nessa área são garantia de aumento das nossas vendas. Não dá para fechar o negocio" (*apud* SANTANA, 2004, p. 1).

Já o ambulante José Oliveira Santos, destaca: "Festa de largo em Salvador é uma oportunidade para a gente. De agora até o carnaval a gente tem que ficar atento porque tem turista e muita gente na cidade querendo aproveitar a rua" (*apud* SANTANA, 2004, p. 1).

Um turista italiano, já há quatro meses na Bahia, assim descreve sua participação na festa: "Estou gostando, mas, por enquanto, não entendi nada." (*apud* BOCHICHIO, 2004, p. 3).

Como se vê, partindo de diferentes setores, as opiniões não só reconhecem a existência de varias festas em uma, como também percebem, muito bem, a diferença que as envolve, de maneira que, embora aparentemente elas apresentem certa ideia de integração, já que acontecem no mesmo período e sob a invocação da mesma motivação – o Senhor do Bonfim –, elas são como água e óleo, não se misturam. Diante disso, cabe perguntar: no que resultou o processo de modernização das festas populares que ocorrem em Salvador?

Em resposta, eu diria: incrementar a geração de divisas em impostos públicos, promover turisticamente a cidade e gerar grandes lucros para os grupos, empresas e agências promotoras de eventos, turismo e consumo. Quanto à religião, como disse o ex-Arcebispo Moreira Neves, no que foi reforçado pelos depoimentos das sacerdotisas do candomblé, evidentemente guardadas as devidas proporções, implica perceber as pequenas, reduzidas motivações dos fiéis que para lá se deslocam, acreditando que, assim fazendo, estão cumprindo sua obrigação.

Uma determinada matéria jornalística traz como destaque dois depoimentos com os quais gostaria de concluir o trabalho. O primeiro diz o seguinte:

> A coisa foi planejada com um mês de antecedência. Samuel Souza decidiu participar da lavagem do Bonfim levando a todos sua arte e, de quebra, agradecendo ao seu Deus - para ele, Senhor do Bonfim é o maior de todos. Pelé do tonel, nome artístico de Samuel, escolhido pelo próprio, além de paletar os 6,9 quilômetros, ainda teve fôlego para executar performances "malabaristicas" defronte da igreja do Bonfim. *ele vai gostar muito de ver eu fazendo isso.*[3] (*apud* BOCHICCHIO, 2004, p. 3).

E o segundo:

> A cabeça que integra a fantasia do bonecão pesa uns 25 quilos. Mesmo assim, Marcos, 30 anos, não perdeu a oportunidade de descolar uma grana na Lavagem do Bonfim. Tá certo que são trinta contos para a dura caminhada de 8 quilômetros. Mas ele diz, com expressão séria: *eu sou baiano, então, ao mesmo tempo que trabalho, participo da caminhada e cumpro a minha fé,*[4] diz ele. (*apud* BOCHICCHIO, 2004, p. 3).

As duas situações destacadas pelo jornal são ilustrativas de uma situação muito peculiar quando se trata de cultura baiana. Quando, muitas vezes, reforçar o caráter religioso como motivador para realização das manifestações festivas que ocorrem em Salvador, isto foi feito por

---

3 Grifos meus.

4 Grifos meus.

identificar, no contexto dessas manifestações, pessoas e grupos, ainda que visivelmente em menor número, imbuídos do propósito de realizar um culto, agradecer por alguma graça alcançada.

Cumprida a obrigação, estão prontos para lançar-se no meio da festa como forma de render graças, mas sobretudo comemorar o alívio de ter superado, com a interseção do santo, a aflição carregada ou mesmo ter conseguido a conquista de algum objetivo. Entendo que, nesta relação, se encerram, de alguma maneira, as ações que as festas propiciam aos seus participantes, conforme destacado por Brandão (1989). Na realidade, salienta-se que, para os fiéis que participam do ciclo de festas populares da Bahia, a relação com o santo católico ou com o orixá das religiões afro-brasileiras, ou com os dois – orixá e santo –, é de intimidade. Assim, estabelece-se uma relação de troca expressa no dar, receber, obedecer e cumprir. Logo, este grupo participa da festa com estes princípios que, por sua vez, fazem parte da sua memória coletiva.

Se essas ações observadas por Brandão (1989) fossem consideradas os únicos elementos motivadores para a realização da festa baiana, provavelmente se estaria cometendo um erro considerável de avaliação, em função das evidências deixadas pelos quadros que acabei de tecer. A festa, hoje, envolve investimentos, ganhos, patrocínios, publicidade, consumo e, principalmente, plateia que garanta sua realização. Como ocorria em outros tempos, o baiano comum que crê e que, portanto, em função de sua crença, comparece às festas independentemente da maneira como tais festas se estruturam, não mais garante o retorno do investimento que se faz nessas atividades. Faz-se, então, necessário que exista um determinado tipo de consumidor que assegure o retorno dos investimentos.

Por isso, a cara da festa muda. Entre a fé e a festa, precisa existir a garantia de realização do evento, do espetáculo, como disse o presidente do Bloco Ilê Aiyê; o sucesso desse espetáculo é que poderá garantir para os que creem, realizarem ou manifestarem, anônimos ou em grande estilo, o exercício da fé.

Não importa o montante de investimentos, não importam os interesses do governo, não importa se a organização é montada para o turista que vem participar. Importa que cada um desses participantes movidos pelo que acreditam vão à festa e cumprem com festa a sua obrigação.

Aqui acredito residir o sentido procurado na ação de cada baiano cuja participação no ciclo, embora não represente a totalidade, expressa exatamente o que fé e a festa significam nas suas vidas. Ganhar uma 'grana' para sustentar sobre a cabeça um boneco gigante é garantia do pão, é também o divertimento possível; o fato de cumprir o trajeto trabalhando é para ele garantia do exercício da fé: fé no Senhor do Bonfim, Fé em Oxalá, Fé em todos os Santos.

Não há como afirmar categoricamente, embora esteja presente no imaginário do povo, a autonomia da relação fé e festa sobre a produção de que se reveste sua realização no momento atual. Do mesmo modo, não se pode perder de vista que a existência do elemento fé ainda funciona como estímulo à captação de investimentos para a manutenção de algumas das mais importantes manifestações festivas que Salvador oferece.

O discurso do representante do poder público na figura da então presidente da Entursa assim o disse:

> O impacto de religiosidade no turista que chega a Salvador é muito forte. A capital baiana, que respira arte, música, cultura, tem um forte apelo de fé e espiritualidade em profusão de religiões, que misturam os católicos e os devotos do candomblé. Mesmo que o turista não acredite em nada, ele vai andando até o Bonfim emanando uma energia contagiante de fé nos milagres do santo. (SANTANA, 2004, p. 1).

Ele nunca descarta o elemento que sustenta ou, pelo menos, garante a sensibilização dos participantes que se lançam às manifestações que a cidade oferece. A diferença é que, para uns, a dimensão fé e festa é sentida, para outros é vendida, e este diferencial é que garante aos vários grupos o trânsito no universo das manifestações da cultura local.

Por isso mesmo, ao finalizar, gostaria de chamar a atenção para um fato: por mais universal que se tenham tornado as festividades da Cidade do Salvador, ainda assim, neste momento histórico, diante das memórias vivas possíveis de se perceber, presentes nos diferentes depoimentos coletados, acredito que a relação fé e festa continua fazendo parte das manifestações culturais realizadas em Salvador, Capital da Bahia.

Referências

ABBAGNANO, Nicola. *Dicionário de Filosofia*. Tradução de Alfredo Bosi. 2. ed. São Paulo: Mestre Jou, 1982.

BARTH, Fredrik. Grupos étnicos e suas fronteiras. In: POUTIGNAT, Philippe; STREIFF-FENART, Jocelyne. *Teorias da Etnicidade, seguido de Grupos étnicos e suas fronteiras*, de Fredrik Barth. Tradução de Elcio Fernandes. São Paulo: UNESP, 2000. p. 185-227.

BARTHES, Roland. *A câmara clara: nota sobre a fotografia*. Tradução de Júlio Castañon Guimarães.Rio de Janeiro: Nova Fronteira, 1984.

BERNARDO, Terezinha. *Mulheres, negras e mães:* memórias de Olga de Alaketo. São Paulo: EDUC; Rio de Janeiro: Pallas, 2003.

BOCHICCHIO, Regina. A caminho do adro sagrado. *A Tarde*, Salvador, p. 3, 16 jan. 2004.

BORNHEIM, Gerd *et al*. *Cultura brasileira: tradição contradição*. Rio de Janeiro: Jorge Zahar, 1987.

BRANDÃO, Carlos Rodrigues. *A cultura na rua*. Campinas, São Paulo: Papirus, 1989.

CRUZ, Gutemberg. *Feras do humor baiano: Lage, Nildão e Setúbal*. Salvador: Empresa Gráfica da Bahia,1997.

FELDMAM-BIANCO, Bela; LEITE, Míriam L. Moreira (Org.) *Desafios da imagem: fotografia, iconografia e vídeo nas Ciências Sociais*. Campinas: Papirus, 1998.

FERREIRA, Edson Dias. *Fé e festa nos janeiros da Cidade da Bahia: São Salvador*. 2004. 250f. Tese (Doutorado em Ciências Sociais, Antropologia) - PUC-SP, São Paulo, 2004.

GOMES, Luiz Vidal Negreiros. *Criatividade: projeto < desenho> produto* Santa Maria, Rio Grande do Sul: sCHDs Editora, 2004.

HALBWACHS, Maurice. *Memória Coletiva*. São Paulo: Vértice Editora, 1990.

JOLY, Martine. *Introdução à análise da imagem*.Tradução de Marina Appenzeller. Campinas: Papirus, 1996.

LAVAGEM da Igreja da Pituba perde a animação. *A Tarde*, Salvador, p. 3, 20 fev. 1987.

MORIN, Edgar. *O enígma do homem: para uma nova Antropologia*. Tradução de Fernando de Castro Ferro. 2.ed. Rio de Janeiro: ZAHAR, 1979.

POLLAK, Michel. Memória e identidade social. *Estudos Históricos*, Rio de Janeiro, vol. 5, nº 10, p. 200-212, 1992.

POUTIGNAT, Philippe; STREIFF-FENART, Jocelyne. *Teorias da Etnicidade, seguido de Grupos étnicos e suas fronteiras de Fredrik Barth*. Tradução de Elcio Fernandes; São Paulo: UNESP, 2000.

QUEIROZ, Lúcia Aquino. *Turismo na Bahia: estratégias para o desenvolvimento*. Salvador: Secretaria da Cultura e Turismo do Estado da Bahia, 2002.

QUERINO, Manuel. *Costumes Africanos no Brasil*. 2. ed. ampliada e comentada. Recife: Fundação Joaquim Nabuco; Massangana, 1988.

SAMAIN, Etienne. Questões heurísticas em torno do uso das imagens nas Ciências Sociais. In: FELDMAM-BIANCO, Bela; LEITE, Míriam L. Moreira (Org.). *Desafios da imagem: fotografia, iconografia e vídeo nas ciências sociais*. Campinas: Papirus, 1998.

SantaeLla, Lúcia. *Imagem*. São Paulo: Editora Iluminuras Ltda, 1999.

SANTANA, Jussilene. Contagem regressiva: trânsito e comércio se adaptam para a Lavagem do Bonfim, maior festa popular do Estado. *Correio da Bahia*, Salvador, 14 jan. 2004. Aqui Salvador, p. 1.

SERRA, Ordep. *Rumores de festa: o sagrado e o profano na Bahia*. Salvador: EDUFBA, 1999.

TEIXEIRA, Cid. *Salvador: História visual*. Salvador: Correio da Bahia, 2001. 272p. il.

EDUCAÇÃO PARA AS RELAÇÕES ÉTNICO RACIAIS: DIZERES DE PAIS

Regina Marques de Souza
Reinaldo José de Oliveira

Que tipo de educação queremos para nossos filhos?

Algo que os emancipe de nossa existência ínfima e os lancem para a congregação coletiva nos eflúvios e pertinências de seus tempos com os recursos adquiridos de nossas mãos e teimosias na árdua tarefa de plantar valores e semear exemplos de bondade, trabalho, esforço e justiça?

Que tipo de educação queremos nós?

Cada vez mais assistimos aos recrudescimentos da barbárie.

Será mesmo?

Há movimentos de vida, de batalhas conquistadas de vitórias bem vencidas.

Há repertórios sociais que vem favorecendo as crianças. Todas elas, negras, amarelas, vermelhas e brancas.

Mas há também o desespero, a angustia, a guerra, o ódio dilacerante e o desprezo àqueles que são na ordem do mundo historicamente excluídos, desfavorecidos, discriminados, "enjeitados".

Quando pensamos em educação, pensamos pelo mais valioso bem para a história de nossos filhos. Queremos que eles se deem bem. Que possam fazer suas escolhas. Serem felizes. Pessoas de bem. Capazes de existirem no mundo por suas próprias pernas e contribuir para o avanço do bem. Da vida, da verdade. Da verdade enquanto símbolo de valor humanista, humanitário, da justiça e igualdade pelo bem comum.

Queremos também, neste mundo do hoje exclusivamente capitalista que eles tenham condições materiais de vida. Para uma existência digna, sem privações de nenhuma espécie, acesso e bom tratamento à saúde, à escola, ao lazer, à cultura.

Para isto parece-nos fundamental que as formas de sociabilidades humanas cresçam em qualidade de caráter.

É fundamental que o pensamento, a ciência, a reflexão filosófica nos ampare no descortinamento do mundo e da sociedade, revelando-nos as mazelas, as experiências positivas e as formas de favorecer a emergência de uma sociedade melhor.

Mas é também ainda mais fundamental o compromisso das pessoas com o seu tempo.

Sartre já nos dizia isto: *"os intelectuais casam-se com seu tempo. E portanto não devem traí-lo".*

Que educação eu quero para o meu filho?

Eu quero uma educação em que ele seja igual em sua singularidade (diferença).

Eu quero uma educação na qual ele possa ser aceito tal qual é, sem estigmas e preconceitos.

Então, na conjunção da história, na não traição de meu tempo é fundamental que as relações mesmas se transformem.

Que o menino branco conviva igualmente com o negro.

Que as mágoas que ocorrem sejam oriundas de todas as ordens de diferenças, que se resolvem no espaço do diálogo, da linguagem e que as formas de subjetivação se priorizem no encontro verdadeiro com o outro - igual e diferente.

Não queremos tolerância.

Isto eu recuso!

Queremos a igualdade de tratamento.

A alteração das culturas, outras formas de manejos com nossos velhos, nossos adultos, nossos jovens, nossos rebentos.

Há uma transformação na ordem dos tempos.

E esta é a esperança.

Talvez a esperança que faz com que pais e mães ainda possam existir.

E se alegrar na estreita relação íntima e prazeirosa com seus filhos.

O prazer do banho, do cuidado com as cobertas, no preparo do leite e da amamentação, recorrendo a fraldas e panos.

Isto nos alegra e nos dá cansaço.

Mas também nos conforta porque nos recoloca no plano simples da vida imediata do cotidiano.

Então as crianças, negras ou brancas, indígenas ou asiáticas, devem viver em um mundo pleno de igualdade.

De pleno respeito as suas qualidades e valorização das diferenças.

Diferenças tratadas enquanto princípio de igualdade.

Um mundo bom para todos. É o que queremos.

Então retornaremos no mais fundamental "além do amor é claro", e a transformação dos modos de sociabilidades de nossos tempos.

A alteração das formas de produções subjetivas, capazes de trazer a todos a referência de que todos são dignos e detentores de qualidades e saberes, sem sobreposições de palavras e dizeres, no respeito tácito à humanidade e igualdade do outro.

As reflexões científicas em educação, organizam-se em prol disto.

As ciências em geral estão sempre a serviço de algo ou alguém.

E ela está vinculada a ordem dos tempos. Abrindo-se e fechando-se a novos paradigmas, e nisto também residem nossas esperanças de pais.

Que a ciência, pela educação e a cultura, efetive as respostas que queremos.

Isto é de certo modo apenas uma parte da educação de crianças.

Uma parte bem pequena, aliás.

Mas uma parte importante.

Porque nos referenda - à sociedade, as pessoas, ao povo - a requerermos nossa ordem de bondade.

É preciso escrever a história. Para a educação de nossos filhos.

E a escritura se dá no dia a dia de nosso trabalho.

No cotidiano da existência.

Mais por ações, gestos e trabalho, que por pensamentos, intenções e desejos.

Desejamos uma sociedade igualitária justa e amorosa. Idealmente boa e bela.

Bela na arte de todas as culturas.

A ciência, o debate, a discussão, assim como as parlendas, as cantigas de roda, a religião, os gestos dos avós e as conversas em família, escola e comunidade extensa nos ajudam a promover isto.

A arte da vida.

Sobre a qual todos nós, de uma maneira ou outra nos dedicamos com mais ou menos força, mais ou menos coragem; mas com a necessidade de darmos conta de nosso tempo e filhos.

Assim conseguiremos?

O debate sobre raça e etnia, educação para a relações raciais implica uma outra modalidade de pensamento humano técnico científico.

Significa aportar a condição e necessidade de que todos, brancos, negros, indígenas, amarelos, possam se agregar e crescerem com a cultura do outro sem sobreposição de hierarquia excludentes e desiguais.

Mas em níveis de horizontalidades cada vez mais fortes, capazes de nos trazer um semblante social - formas de sociabilidades - mais representativas de todas as qualidades da espécie humana.

Negros, brancos, indígenas e amarelos, capazes de serem protagonistas plenos de nossos tempos.

Um bom mundo para nossas crianças...

Por ora como pais sabemos: o encontro da ciranda é árduo...

Ela, a roda, a ciranda, ela faz e se desfaz no tempo. Como os jogos e os brincares das crianças.

Eles correm pra cá. Pra lá.

Vão na direção dos pássaros...

Olham o bichinho no chão - a formiga ou o tatu bolinha - dispersam-se para o balanço e depois querem o bambolê ou a bola que dividem ou não com o coleguinha...

A unidade, o amor e a liberdade são condição de valores eternos.

Humanos.

Difíceis. Presentes.

Muitas vezes - talvez em sua grande maioria - ausentes.

Mas é para isto que trabalhamos, vivemos e envelhecemos...

A educação para as relações étnicas e raciais é fundamental - eu acredito - para alçarmos uma sociedade mais humana, desenvolvida e plena para todos os humanos de nossa espécie: negros, indígenas, amarelos e brancos.

É fundamental.

E é fundamental em todos os tempos e também nos tempos de hoje, porque é fundante da história da genealogia da vida humana na terra enquanto espécie.

As raças e etnias, todas elas, não no sentido biológico, fundam o nascimento da espécie.

Espécie humana e mundo pertencente a todos nós - comunidade de viventes.

Todos iguais. E diferentes.

Mas fundamentalmente iguais enquanto humanos de uma mesma espécie.

Fora isto, o que queremos - para nós e para nossos filhos - é só o Amor, a Brincadeira, e a Alegria. E que não nos falte a Palavra - gesto, ação - (esperança) e nem a *comida"* - condições dignas de vida.

Nós, homens e mulheres negras, na condição de pais, filhos, avós, tios e tias, hoje trazemos em nossas lembranças, a memória das desigualdades, do racismo e da estigmatização do tempo de infância, adolescência e juventude. Nossa memória e nosso legado, diante de lutas e confrontos, tristezas e alegrias, almeja deixar inscrito para nossos filhos a história da superação e da igualdade.

Não queremos sobrepor os nossos valores, queremos apenas mostrar que a riqueza humana está assentada na comunicação, troca, produção e no processo de apreender e conhecer com o outro, com a diferença.

Não basta banir ou apagar de nossas memórias as faces das desigualdades e do racismo. Estamos, gradualmente, inscrevendo uma história do direito à igualdade e das diferenças, de valorização, respeito e a humanização de nossa sociedade.

Para isso, precisamos, na condição de pais, do legado recebido, transformá-lo e deixar para as próximas gerações. Esperamos, com as intervenções materiais e não-materiais, que as gerações futuras do século XXI, não tragam a histórica lembrança do racismo e das desigualdades. Nossos ideais, na condição de pais e país, é vê-los exercendo os lugares que quiserem, não temer pelas condições de oportunidades que terão, em função da cor de sua pele. Ou dos infinitos tipos de violências que sofrerão - físicas e psíquicas. Que brinquem, casem-se, alegrem-se com quem quiserem e que sobretudo, eles, negros, nossos filhos e filhas, sejam também sempre convidados para as alegres atividades da vida. Que não lhes seja suprimido, excluído, retirado nada. Que brancos também possam servi-los, assim como o desejo de que nenhum, branco, negro ou indígena, sobreviva do estigma e sujeição social da servidão. Congelamento que alguns (muitos) sempre quiseram para as posições de negros e indígenas ou dos "outros", diferentes...

Que vivam para sempre bem felizes, no reino que é de todos nós: ricos e diversos. Iguais e diferentes. Negros e brancos, indígenas, etês e marcianos.

Alameda nas redes sociais:
Site: www.alamedaeditorial.com.br
Facebook.com/alamedaeditorial/
Twitter.com/editoraalameda
Instagram.com/editora_alameda/

Esta obra foi impressa em São Paulo na primavera de 2017. No texto, foi utilizada a fonte Book Antiqua em corpo 9,5 e entrelinha de 14 pontos.